体能增长与健身训练 II

尹承昊 著

山东科学技术出版社

图书在版编目（CIP）数据

体能增长与健身训练. Ⅱ / 尹承昊著. —济南：山东科学技术出版社，2019.10
ISBN 978-7-5331-9956-2

Ⅰ.①体… Ⅱ.①尹… Ⅲ.①体能—身体训练—基本知识 Ⅳ.①G808.14

中国版本图书馆CIP数据核字（2019）第223514号

体能增长与健身训练 Ⅱ
TINENG ZENGZHANG YU JIANSHEN XUNLIAN Ⅱ

责任编辑：王兆阳
装帧设计：侯　宇

主管单位：山东出版传媒股份有限公司
出　版　者：山东科学技术出版社
　　　　　　地址：济南市市中区英雄山路189号
　　　　　　邮编：250002　　电话：（0531）82098088
　　　　　　网址：www.lkj.com.cn
　　　　　　电子邮件：sdkj@sdcbcm.com
发　行　者：山东科学技术出版社
　　　　　　地址：济南市市中区英雄山路189号
　　　　　　邮编：250002　　电话：（0531）82098071
印　刷　者：山东彩峰印刷股份有限公司
　　　　　　地址：潍坊市福寿西街99号
　　　　　　邮编：261031　　电话：（0536）8216157

规格：16开（170mm×240mm）
印张：9.5　　字数：135千　　印数：1-5000
版次：2019年10月第1版　　2019年10月第1次印刷
定价：60.00元

目录
CONTENTS

第一章　营养饮食与训练的搭配 …………………… 001

1. 增肌训练与营养饮食的搭配方法 ………………… 002
   热量摄入与消耗比例 ……………………………… 003
   训练内容与增肌之间的关系 ……………………… 004
   增肌还是增肥 ……………………………………… 005
   针对性解决方案 …………………………………… 006

2. 减脂训练与营养饮食的搭配方法 ………………… 007
   热量摄入与消耗比例 ……………………………… 008
   训练频率与减脂之间的关系 ……………………… 008
   减脂还是减重 ……………………………………… 010
   针对性解决方案 …………………………………… 011

3. 力量训练与营养饮食的搭配方法 ………………… 012
   体重与力量大小之间的关系 ……………………… 012
   训练日与非训练日饮食的不同 …………………… 013
   针对性运动补剂 …………………………………… 014

  针对性解决方案 ·············· 015
4. 爆发力训练与营养饮食的搭配方法 ·············· 016
  体重与爆发力之间的关系 ·············· 017
  训练日与非训练日饮食的不同 ·············· 018
  针对性运动补剂 ·············· 018
  针对性解决方案 ·············· 019
5. 耐力训练与营养饮食的搭配方法 ·············· 020
  体重、耐力、体脂之间的关系 ·············· 021
  训练日与非训练日饮食的不同 ·············· 021
  针对性运动补剂 ·············· 022
  针对性解决方案 ·············· 023

第二章　增肌的进阶方法 ·············· 025

1. 斜方肌打造方法 ·············· 027
  斜方肌的训练误区 ·············· 028
  斜方肌的组数与次数 ·············· 029
  斜方肌的进阶训练动作 ·············· 030
2. 背部厚度与宽度训练法 ·············· 033
  背部训练误区 ·············· 034
  背部训练的组数与次数 ·············· 035
  背部进阶训练动作 ·············· 036

3. 胸部塑形法 ··· 043
胸部训练误区 ··· 043
胸部训练的组数与次数 ··· 045
胸部训练进阶动作 ··· 046

4. 肱二头肌与肱三头肌训练技巧 ··· 051
肱二头肌与肱三头肌训练误区 ··· 051
肱二头肌与肱三头肌训练的组数与次数 ··· 053
肱二头肌与肱三头肌进阶训练动作 ··· 054

5. 强壮三角肌训练法 ··· 060
三角肌训练误区 ··· 061
三角肌训练的组数与次数 ··· 062
三角肌进阶训练动作 ··· 063

6. "岩石"臀腿训练法 ··· 068
臀腿训练误区 ··· 069
臀腿训练的组数与次数 ··· 070
臀腿进阶训练动作 ··· 071

7. "巧克力"腹肌训练法 ··· 078
腹肌训练误区 ··· 079
腹肌训练的组数与次数 ··· 081
腹肌进阶训练动作 ··· 081

第三章　力量增长的高级技巧 ……………… 085

1. 专项力量增长原理 ……………………… 086
　　扎实的肌肉基础 ……………………… 087
　　正确的发力模式 ……………………… 096
　　优秀的发力技巧 ……………………… 101

2. 专项力量提高训练 ……………………… 108
　　深蹲出杠阶段 ………………………… 108
　　深蹲下蹲阶段 ………………………… 109
　　深蹲启动阶段 ………………………… 109
　　深蹲中半程 …………………………… 110
　　深蹲后半程 …………………………… 111
　　卧推起桥 ……………………………… 111
　　卧推离心阶段 ………………………… 112
　　卧推启动阶段 ………………………… 112
　　卧推锁定阶段 ………………………… 113
　　硬拉启动阶段 ………………………… 114
　　硬拉锁定阶段 ………………………… 115

第四章　弹跳力引爆的辅助手段 …………… 119

1. 极限弹跳力训练方法 …………………… 121
　　弹跳力训练动作 ……………………… 121

弹跳力训练组数与次数 …………………………………… 126
　　弹跳力训练注意事项 ……………………………………… 126
2. 竞技弹跳力训练方法 ………………………………………… 127
　　竞技弹跳力训练动作 ……………………………………… 127
　　竞技弹跳力训练组数与次数 ……………………………… 129
　　竞技弹跳力训练注意事项 ………………………………… 130

第五章　耐力强化的妙招 ……………………………………… 132

1. 心肺耐力训练法 ……………………………………………… 135
　　心肺耐力训练注意事项 …………………………………… 136
2. 速度耐力训练法 ……………………………………………… 138
　　速度耐力训练注意事项 …………………………………… 139
3. 力量耐力训练法 ……………………………………………… 140
　　力量耐力训练注意事项 …………………………………… 144

第一章 营养饮食与训练的搭配

在《体能增长与健身训练》第一部中我们曾经为大家讲解过至关重要的基础饮食以及不可忽视的运动补剂,它们是共同构建我们高水平营养工程的两大重要组成部分。无论是蛋白质、碳水化合物、氨基酸以及维生素,都是我们提高运动能力、发展体能的重要基础。越刻苦的训练,越需要高水平的营养与饮食与之搭配,这样才能使我们的训练效果最大化。没有哪一位高水平的运动员或健身爱好者是不以高水平的营养与饮食为基础的。

体能与健身训练的种类有很多,其中有偏向肌肉力量提升的增肌训练,也有偏向塑形的减脂训练,有侧重爆发力的速度或弹跳力训练,也有侧重耐力的速度耐力或力量耐力训练。这些不同的训练模式所需要的营养与饮食摄入标准存在很大区别,如果你将减脂训练所需要遵循的食谱运用在增肌训练中,那么你的肌肉生长显然会遇到严重瓶颈。因此,具体的体能与健身训练模式需要搭配针对性的营养与饮食摄入,我们不仅要从食物和营养补充的种类入手,同时还要注意相关食物的摄入量,这样才可以使我们的训练效果最大化。

训练者首先需要做到饮食与营养摄入的全面性，即我们所有在《体能增长与健身训练》第一部中所提到的饮食与营养种类，不能在日常摄入时有任何疏忽的地方。只有做好最基本的饮食与营养摄入，我们才可以开始针对具体的训练模式安排更高水平、针对性更强的饮食与营养摄入方案。其次，训练者不能忽略运动补剂的重要性，特别是当你的训练水平逐渐提高时。为了满足我们更高强度训练计划的需要，我们必须在日常摄入一定量的运动补剂，否则会出现难以完成训练计划的现象，或者出现自身的训练目标与实际训练截然不同的结果。比如，有的训练者在提高力量的同时希望保持体重不会出现明显的变化，这种目标是可以通过一定的饮食与补剂搭配实现的。一些脂肪含量较低，但能量和蛋白质含量较高的运动补剂可以帮助我们解决力量提升所需要的能量来源的问题，同时又不会使身体堆积过多的脂肪。如果你不借助运动补剂的帮助，只是通过最基础的饮食来配合训练，那么很难在控制体重的情况下获得比较明显的力量水平的提升。

❶ 增肌训练与营养饮食的搭配方法

增肌训练是很多健身爱好者在刚进健身房时第一次接触的训练模式，他会帮助训练者改善自身的肌肉形态和提高肌肉质量，肌肉越发达的训练者，其自身的肌肉力量水平以及身体的整体肌肉形态会显得越健美。增肌训练几乎不受年龄的限制，并且训练起来更好入门，因此广受健身爱好者的喜爱。但是，在实际的增肌训练中，许多健身爱好者只关注训练内容本身，将过多的心思和注意力放在训练动作或者计划上，却忽略了同样重要的营养与饮食的内容，这便导致健身爱好者在增肌的过程中走入误区。比如常见的"大量刻苦训练无法带来肌肉的明显生长"，或者"增肌的同时脂肪比例也在同时增高"等，这些误区我们完全可以通过针对性的饮食与营养方案来避免。

▶ 热量摄入与消耗比例

肌肉生长的本质原理是健身爱好者在通过针对性的肌肉训练同时，及时补充蛋白质、氨基酸等利于肌肉合成以及生长的营养元素，达到总体的热量摄入大于热量消耗的效果。我们不难发现，如果想使自己的肌肉得到充分的生长，那么一定不能够出现热量消耗高于热量摄入的情况，否则不仅不会使肌肉生长，甚至还会消耗一部分我们原有的肌肉。很多健身爱好者认为这种情况发生的概率是很低的，因为几乎每个渴望肌肉增长的健身爱好者都会注意在原有基础饮食的前提下额外增加一部分蛋白质或碳水化合物的摄入，所以不太可能出现最终热量摄入低于热量消耗的情况。

但是，在大多数健身爱好者中，使用增肌训练模式出现热量摄入低于热量消耗的情况还是屡见不鲜的。导致这种现象出现的原因主要集中在两大类：训练安排不恰当，原本饮食基础过差。其中训练安排不恰当的问题我们会在接下来的小节中做具体的介绍，而关于原本饮食基础过差的问题，其实是很多健身爱好者都比较疏忽的方面。比如最基础的关于蛋白质的摄入量问题，一名男性健身爱好者每日需要的蛋白质摄入量在每千克体重2～2.5 g，如果其蛋白质主要来源于性价比较高的鸡胸肉（每100 g鸡胸肉提供蛋白质20 g左右），那么对于一个体重90 kg的男性健身爱好者，他一日需要摄入的鸡胸肉应在900～1 100 g之间，这个对于一些没大有训练或规律性饮食经验的健身爱好者来讲是一个较大的食物摄入量。

这种大量的食物摄入的要求不仅在蛋白质上有所体现，同时也会作用在碳水化合物以及维生素等增肌训练同样依赖的营养元素上。很多健身爱好者觉得自己已经摄入了大量的食物，但其实他们的这个参考标准主要是根据自己之前的饮食习惯，而非参考他们自身真正需要摄入的标准。许多健身爱好者在开始增肌训练前的饮食摄入是极度不合理的，比如有的人会一日三餐几乎都在食堂解决，或者直接干脆定外卖，这两种饮食习惯无论哪一种都是较缺乏蛋白质摄入的。如果你想严肃对待你的增肌训练，那么你需要彻底颠覆

你的饮食与营养结构,这绝非很多健身爱好者所想的"我在原有的基础上加几个鸡蛋或者加几勺蛋白粉"即可。

训练内容与增肌之间的关系

前面我们曾经提到过,导致增肌训练时热量摄入低于热量消耗的原因有两大类:训练安排不恰当,原本饮食基础过差。在训练安排方面,错误或者不适合的训练内容会使增肌效果大打折扣,这种现象比较常见于刚接触增肌训练的健身爱好者,或者有一定训练经验但是近期肌肉生长不明显甚至处于停滞期的健身爱好者。他们或由于对训练知识的不了解,从而使用了错误的训练内容导致肌肉生长较差,或因急于求成,盲目改变原有训练内容导致肌肉无法获得充分的发育。增肌绝对不是进入健身房简单举几下哑铃或杠铃就可以做到的,你必须让你的训练与营养摄入完全配合,二者相辅相成才能够达到最佳效果。

实际训练中很多健身爱好者都无法掌握最适当的训练量以及训练频率。比如对于刚接触增肌训练的健身爱好者,他们并不十分适合一周五次或六次的高频率训练安排,这种方式不仅无法使他们的肌肉获得充分的恢复,甚至还会导致消耗过多,从而影响肌肉的生长。要知道对于训练水平较低的健身新手,其相对应的饮食和营养的摄入水平也较差,此时安排高频率这种消耗较多的训练计划显然是不利于肌肉生长的。相比之下合适的方式是进行一周三次训练,每次最好将上半身和下半身的肌肉都练一遍,每个肌肉安排1~2个动作,每个动作安排2~3组即可。这样一来不仅可以合理把控消耗与摄入量之间的关系,更能够效率最大化训练全身的肌肉。

此外,有一些处于训练平台期的健身爱好者,其自身的肌肉力量或肌肉形态已经在2~3个月的时间内没有发生明显变化,他们会因急于求成等盲目给自己增加训练量。比如之前一个动作做4组,每组做12次,他为了更快速地增长肌肉,可能会将训练量提升至5组,每组20次。这里我们并不是否认5组、每组20次这种训练方法是不适合肌肉生长的,而是指如果你在不改变现有饮食和营养摄入结构的情况下盲目增加训练量，其带来的最终结果只会是肌肉的生长继续深陷于平台期。当我们遇到训练的平台期时，第一个应该做的是先仔细分析问题到底出在哪里，是自己的动作不对还是计划安排有问题，是自己的恢复能力较差还是饮食摄入不够。第一个应该做的绝非是不管三七二十一直接盲目提升训练量，否则无疑是饮鸩止渴的行为。训练量始终是要同你的饮食与营养摄入相搭配的，比如5组20次或超级组、巨型组等高容量的训练安排，显然是不适合刚接触训练或营养水平较一般的健身爱好者。

▶ 增肌还是增肥

每个有增肌需求的健身爱好者都应当明白这一点，我们训练包括营养摄入的核心是希望身体增加更多的肌肉，而不只是一味地关注体重秤上数字的增加。体重的增加虽然在一定意义上意味着肌肉量的增加，但如果不注意对肌肉和脂肪的把控，很容易出现"增肥"的现象，即脂肪比例的增加远远高于肌肉比例的增加。这种现象普遍存在于大多数没有成熟增肌训练经验的健身爱好者之间，因为增肌训练的特点，他们会加大对食物以及营养的摄入量，这会在一定程度上诱发"增肥"现象产生的概率。为了尽可能从根本上杜绝这种现象的出现，我们建议健身爱好者在增肌期一定要采用一日多餐的饮食法则，这样不仅可以使身体持续获得能量供应，还可以最大程度避免因食欲增加所引发的"热量摄入过多"的问题。

此外，我们也要明白一点，虽然增肌期我们所摄入的总热量要大于我们消耗的热量，但是这不意味着我们什么食物都可以吃，或者什么烹调方式都能够接受。如果你的饮食与营养摄入主要由不健康的食物或恶劣的烹调方式组成，那么不仅肌肉无法得到增长，甚至会出现因脂肪增加过多所导致原本的身材与肌肉形态走样的现象，这是每个希望增肌的健身爱好者都不想看到的事情。增肌，一定是通过合理健康的饮食来促进肌肉的持续生长，而不是肆无忌惮地让自己的肚子填饱即可。

针对性解决方案

根据之前我们分析提到的，增肌的重要先决条件是我们所摄入的总热量一定要大于我们消耗的总热量，这是肌肉生长的前提，也是最重要的先决条件。因此，我们首先要保证的是每日通过饮食或运动补剂所摄入的总热量一定大于我们消耗的总热量，在此基础上我们要注意热量的组成结构，不能够出现热量的主要构成是碳水化合物这种现象，一定要注意提高蛋白质的总摄入量。前文我们曾经提到，很多健身爱好者在热量的总摄入量上容易出现不达标的现象，其中很大一部分原因是缺少蛋白质的针对性摄入。蛋白质是我们合成肌肉、促进肌肉生长与修复的最重要营养元素。此外，在日常饮食中，我们一定要注意不能够出现对食物来源或食物烹饪方法不控制的问题，进而出现"增肥"的现象。如果针对某一类特殊的营养摄入会产生困难的现象，那么我们建议健身爱好者可以适当采用一些运动补剂进行辅助。例如，有的人一日需要摄入将近200 g的蛋白质，如果这些蛋白质的来源完全是食物，那么容易出现吃不下或者脂肪摄入超标的现象。此时我们可以通过蛋白粉这类运动补剂满足其中一部分蛋白质的补充需求，比如每日通过蛋白粉补充30~60 g左右的蛋白质。需要注意的是，运动补剂始终不能够超越正常食物的地位，如果你的200 g蛋白质的来源大部分都是蛋白粉，那么这对于增肌同样是不利的。

在训练方面，我们需要注意把控合理的训练频率以及训练量。对于新手和初级健身爱好者来讲，我们建议所采用的训练频率不要超过一周三次，否则会出现因消耗过大导致健身爱好者自身肌肉无法获得充分的休息与生长的时间的现象。对于具备一定经验的健身爱好者，我们建议每周训练频率可以维持4~5次，这会使其自身的肌肉获得更全面以及多角度的刺激。对于成熟的健身爱好者或健美健身比赛的运动员，每周的训练频率可以达到6次或6次以上，这是建立在其自身高水平的训练能力以及营养能力的基础之上。在训练量方面，我们建议新手和初级健身爱好者最好采用每次训练对于全身肌肉都进行一定的刺激，每个大肌肉群以及较实用的小肌肉群都安排1~2个针对性的训练动作，每个动作可以完成3~4组，每组10~12次。这种方式可以帮助新手和初级健身爱好者尽快拥有一定的肌肉基础。对于有一定训练经验的健身爱好者，我们建议每次训练可以根据全身不同部位进行分化式训练，比如第一天训练股四头肌，第二个训练日刺激胸大肌，而第三次训练则主要围绕背阔肌进行。每个部位选取4~5个针对性的训练动作，每个动作可以完成4~5组，每组12~15次。这种方式可以使我们全身各部位肌肉获得更加全面且均衡的增长。而对于高水平的健身爱好者或健身健美运动员来讲，每次训练则更应当关注自身肌肉发展的不足，通过针对性的训练动作或训练方法使自身较薄弱的肌肉得到补强。在具体的组次与训练动作数量的选择上，我们要根据自身的需求以及肌肉类型做出最恰当的判断。

2 减脂训练与营养饮食的搭配方法

　　减脂训练是大部分进入健身房的健身爱好者都会听到或者想尝试的训练模式，它会帮助训练者在保证肌肉量的前提下，尽可能减少自身体内堆积的多余无用的脂肪。减脂训练同样几乎不受年龄和场地限制，并且掌握起来比增肌训练要更加容易。但是，在实际的减脂训练中，许多健身爱好者只关注饮食和营养摄入本身，将过多的心思和注意力放在控制食物中热量的摄入上，却忽略了同样重要的针对性力量训练或有氧训练，这便导致健身爱好者在减脂的过程中走入误区，比如常见的"控制饮食并没有获得很好的减脂效果"，或者"减脂的同时肌肉出现大量流失"等。这些误区，我们完全可以通过合理的兼顾训练以及饮食来避免的。

热量摄入与消耗比例

与增肌训练相反，如果我们希望达到减脂的效果，那么在日常训练时我们的热量总消耗是要高于热量总摄入的。简单讲，我们要对自身的饮食结构进行合理的把控。很多健身爱好者由此便进入"节食"或"尽量不吃主食"的误区，这对于减脂是很糟糕的现象。我们所提到的对饮食结构进行把控并不意味着要每个健身爱好者少吃或者不吃主食，甚至在某个时间段进行节食。我们提到的对自身的饮食结构进行合理把控主要指的是对饮食结构进行更符合减脂需求的优化，比如适当控制碳水化合物的摄入，从而达到一定程度上对整体热量摄入的控制，同时注意不要降低对蛋白质的摄入，甚至还可以在一定程度上略微增加蛋白质的摄入量，这样就能够在一定程度上避免减脂时肌肉产生大量的流失。

在饮食与营养摄入的具体方法上，我们建议健身爱好者还是应当遵循一日多餐的基本法则，这在减脂期间也是同样有很大帮助的，可以避免我们传统一日三餐时容易出现的消化吸收不良所导致的脂肪堆积。在食物来源的把控上，尽可能选择饱腹感或膳食纤维较多的食物，这可以使你不会出现频繁的饥饿感，避免产生"管不住嘴"的现象。在烹调方式上，我们建议大家应当选择健康的烹调方式，这会使我们避免摄入过多的脂肪、热量以及盐等不利于我们减脂的物质。为了在减脂期保持一定的训练状态，我们可以在每周末进行一次"欺骗餐"，摄入相比平时热量较多的食物，并且适当放开对食物烹调方式的控制。不过要注意的是，这种"欺骗餐"一周只能够进行一餐，如果你每一餐都是"欺骗餐"，那么你的减脂效果也会最终"欺骗"你自己。

训练频率与减脂之间的关系

减脂期我们应当采用的训练频率主要根据不同训练水平、体脂水平以及训练模式来进行判断。对于不同训练水平的健身爱好者而言，我们建议新手和初级健身爱好者可以进行一周四次的训练，这可以在满足减脂所需的热量消耗前提下尽可能避免因热量消耗过多所带来的肌肉大量流失；而具有一定经验的健身爱好者可以进行一周五次或六次的训练，这可以使他们在降低体脂的同时，保持自身原有的肌肉水平，从而使整体身材变得更健美；对于高水平的健身爱好者或健身健美运动员，一周可以进行六次以上的训练，这会使他们在备赛的最后阶段获得一个极低的体脂，并且保持最好的肌肉状态。

对于不同体脂水平的健身爱好者而言，我们建议体脂较多的人一周的训练频率应当维持在四次左右，因为体脂较多所对应的有氧训练的完成能力较差，所以安排四次左右的训练是更好地兼容健身爱好者需求以及现下运动能力状况的办法；对于体脂一般的健身爱好者，我们建议一周可以进行五次或六次的训练，这部分群体的体脂水平并不高，所以在保持一定肌肉力量训练的前提下，只需额外增加一些有氧训练便可以使身材变得比以前更好；至于体脂水平较低的健身爱好者，我们建议一周可以进行六次以上的训练，这部分群体往往具有参加健身健美比赛的需求，因此不仅要保持最基本的低体脂，同时更要兼顾肌肉质量以及形态，故一周进行六次以上的训练会更加具有针对性。

对于不同的训练模式而言，我们建议对于新手和初级健身爱好者或体脂较多的人，在训练的搭配上应当将有氧训练与肌肉力量训练分隔开，比如一周进行三次肌肉力量训练以及一次有氧训练；对于具有一定训练经验或体脂一般的健身爱好者，在训练搭配上应当将有氧训练与肌肉力量训练相结合，比如一周进行五次或六次肌肉力量训练的同时，选取其中的2～3天在肌肉力量训练完成之后进行有氧训练；对于高水平或体脂较低的健身爱好者，我们建议可以根据不同的需求做出最合适的判断。比如当你的需求是继续降低体脂时，那么你需要单独拿出2～3天进行高强度的有氧训练。如果你的需求是保持体脂，更加完善肌肉形态以及肌肉质量，那么你可以将有氧训练放在正常的肌肉力量训练之后进行。

▶ 减脂还是减重

这是很多健身爱好者都会在减脂训练时所走入的误区,即只关注体重秤上数字的降低,而根本不去注意最应当关注的体脂是否有变化。在《体能增长与健身训练》中我们也曾经提到,人体是由很多不同物质组成的,如果你只通过体重的变化来判断自身的减脂是否达到效果,那么便会走入很极端的误区。试想一下我们完全可以创造一个高温的环境,让身体通过大量的汗水流失使体重迅速降低,但这时候我们身体的脂肪含量却不会出现什么明显的变化,毫无疑问与我们原本的减脂需求是背道而驰的。

如果不想出现减脂期脂肪没有减掉多少,反而是水分甚至肌肉大量流失的现象,那么我们必须采取一定的预防措施。其中最核心的是关于训练的内容以及安排,我们不能够将减脂的注意力只放在有氧训练上,否则会使我们的训练变得单调且低效。我们需要根据自身身体脂肪堆积部位的不同来安排一些针对性的肌肉力量训练。比如你的大臂后侧出现脂肪堆积,进行无休止的跑步或单车练习是很难达到效果的,你必须安排针对肱三头肌的肌肉力量训练,才是帮助你完成最后塑形的关键。因此,虽然减脂训练是必须以有氧训练为基础的,但同时一定不能忽略对肌肉力量训练的重视,否则你的肌肉也在减脂过程中被大幅度削减,想必这也是你所不愿意看到的。

在有氧训练以及肌肉力量训练的选择上,我们更需要注意的是有氧训练的动作选择,你应当使用那些更高效的有氧训练方式,比如游泳,其独特的水下训练环境会加速你的脂肪燃烧和热量的消耗,会相比使用跑步或单车等方式带来更高效率的减脂效果,帮助你节省更多的时间。当然,有的训练者可能不会游泳,此时我们建议在动作的选择上还是要继续选择更合适的,比如使用椭圆机而不是单车或跑步等训练动作。因为椭圆机对我们膝关节的保护比单车和跑步要更好,并且会使上肢与下肢同时参与到训练中,是更好的训练动作。而对于肌肉力量训练的动作选择,我们只需根据脂肪堆积的部位不同,选择针对性的刺激较强的肌肉力量训练动作即可。

▶ 针对性解决方案

根据前文我们分析得到的方法，在减脂期我们一定不能忽视训练的重要性，特别是肌肉力量训练是一定要参与到整个减脂过程中的，否则便会容易出现肌肉大量流失的现象。我们应当以有氧训练为基础，在选择合适且高效的有氧训练动作同时，添加针对性的肌肉力量训练动作，使我们的身材与肌肉形态变得更好。具体的训练频率以及训练量我们需要根据不同的训练水平或脂肪堆积的严重程度去作判定。其次，我们也必须注意最基本的热量消耗必须大于热量摄入这个先决条件，对饮食与营养摄入进行合理的把控，既不能出现过分的节食或坚决不摄入碳水化合物的现象，同时也要防止热量摄入超标。因为碳水化合物的摄入量受到控制，人体在低碳水化合物摄入的情况下容易出现暴躁、易怒且训练不专注的现象，所以很多健身爱好者的减脂都会最终失败于碳水化合物的摄入，即出现或因为碳水化合物摄入过低导致无法完成正常训练所出现的减脂失败，或因为实在无法忍受低碳水化合物摄入导致暴饮暴食所产生的减脂失败。

为了解决碳水化合物摄入量影响最终减脂效果的这个巨大难题，我们可以试图从以下三个角度入手，使低碳水化合物摄入对于减脂的负面影响达到最低。首先，我们应当控制碳水化合物降低的幅度。若今天有减脂的想法，明天就立刻大幅度降低碳水化合物的摄入量，这种方法不仅对减脂没有太大正面作用，甚至会严重影响你正常的运动能力。我们应该采用逐步减少低碳水化合物摄入量的方法，比如今天相比昨天降低 5～10 g 的碳水化合物，当身体适应这种饮食方式并且不影响训练完成质量时，我们可以再逐步降低 5～10 g 的碳水化合物。其次，我们必须加入"欺骗餐"，它可以帮助我们在碳水化合物摄入较低时，依旧保持良好的心态。每周一次的"欺骗餐"可以适当增加对糖分的摄入，这会使我们无论在生活还是训练中都能够保持一个积极的态度。第三，我们还可以适当借助运动补剂的帮助，比如使用肌酸、蛋白粉、支链氨基酸等对于减脂有一定帮助的运动补剂。其中支链氨基酸与蛋白粉的作用我们很容易理解，这二者一个可以帮助我们防止因减脂所造成

的肌肉的流失，另外一个则可以帮助我们在减脂的同时依旧维持良好的肌肉状态。但是对于肌酸的作用，有部分健身爱好者会存在一定错误的认知，他们认为肌酸会容易引发身体储水，不利于减脂。不过事实上，肌酸所导致的储水主要是将水分储藏在肌细胞内，而非将水分储藏在皮下，并不会引发通过肌酸所导致的肥胖。不仅如此，肌酸还可以为身体在训练时提供能量来源，使我们的训练效果更出色，是对减脂训练有积极作用的运动补剂。

3 力量训练与营养饮食的搭配方法

力量训练是很多健身爱好者以及专业运动员都十分喜爱的训练方式，它通过对于深蹲、卧推、硬拉三大传统力量训练动作的练习，以及针对性的肌肉力量训练的辅助，达到提升健身爱好者力量素质的目的。其中力量素质主要分为绝对力量以及相对力量两大类，无论是在同体重下尽量追求力量成绩的最大化，还是突破体重的限制去挑战自身力量水平的极限，都是力量素质的具体表现。不过，有一些健身爱好者错误地将体重的大小与力量的高低直接画等号，认为体重越大所带来的力量水平越高，进而出现暴饮暴食的现象，这毫无疑问是不符合力量生长规律的。我们需要合理搭配饮食与营养的摄入，补充力量训练所真正需要的营养物质，而不是进行填鸭式的补充，否则不仅不利于力量的生长，甚至还会影响我们的身体健康。

▶ 体重与力量大小之间的关系

体重与力量大小之间肯定是有一定关系的，即体重越大的专业运动员，其自身的力量成绩肯定越高。这点是毋庸置疑的，无论是高水平的力量举比赛还是举重比赛，某一个级别的世界纪录是不会比其轻一级别的世界纪录低的。但是，请大家不要忘记，我们刚才提到的是专业的高水平运动员，而非大众的健身爱好者。后者相比专业运动员缺乏专业的营养团队以及训练团队，根本无法达到大体重情况下同时拥有相对应的高水平力量素质。对于专业运动员而言，体重增加的目的是为了获取更多可以提供力量来源的肌肉，使得自身的力量水平变得更高。但是对于大众健身爱好者，体重增加的同时想获取同样高质量的肌肉是很困难的，如果不注意对训练以及饮食的把控，很容易出现之前我们提到的"增肥"现象。

除此之外，体重不受控制的增长会导致基础运动能力以及体能水平降低。即使你是一名专业的举重运动员，你也必须拥有一定水准的体能基础，这对于你的力量素质和竞技表现都是具有十分重要意义的。我们不抵触体重的增长，但其增长的前提必须是为力量增长而服务的肌肉质量的提升，不能是过多无用的体重增长，比如脂肪或水分的大量增加对于力量素质是没有意义的。在实际训练中，有一部分健身爱好者也的确需要通过体重的增加来使力量水平得到进一步的提升，这种对体重需求的迫切程度甚至一定意义上超过对训练的需求。出现这种情况的原因往往是健身爱好者自身体重较低或肌肉量明显不足，比如有的身高在180 cm的男性健身爱好者，其体重却只有60~70 kg，这对于一名使用力量训练模式的健身爱好者来讲，毫无疑问是较低的。大部分身高在180 cm的使用力量训练模式的男性健身爱好者，合理的体重标准应当是在80 kg以上，这样才能够满足深蹲、卧推、硬拉对于肌肉量的最基本需求。

训练日与非训练日饮食的不同

对于力量训练而言，训练日与非训练日的饮食与营养摄入结构是完全不同的。在训练日我们需要补充更多的热量以满足高强度力量训练对于热量的巨大消耗。其中热量摄入的来源应当相对集中在碳水化合物，这是可以帮助你快速供能并且保持训练热情和专注度的方法。而在非训练日时，由于我们消耗的热量较低，因此必须控制对热量的摄入，否则有可能导致体重的明显上升。在饮食结构上，我们要降低碳水化合物的摄入量，同时适当增加蛋白质的摄入量，后者可以帮助我们在非训练日时修补肌肉，促进肌肉更好地合成与生长。

训练日与非训练日都需要对食物的来源以及烹调方式进行严格的把控。我们在前文也曾提到，无用体重的增加对于力量水平是没有任何积极作用的，如果你不注意对食物来源以及烹调方式的把控，那么就容易出现过多无用体重的堆积。你只有在"欺骗餐"时才可以适当放开一些，其余时间都请保持对规律饮食的严肃态度。此外，无论是训练日还是非训练日，我们都应当遵循一日多餐的基本法则，特别是在训练日时，我们甚至可以每两小时就补充一次，使自己充分保持在力量的最佳状态下，补充食物的来源应当主要集中在富含碳水化合物以及人体能够快速吸收的糖类物质。

▶ 针对性运动补剂

力量训练所需要补充的运动补剂主要分为蛋白粉、氨基酸、肌酸、维生素、训练前补剂、关节保护类补剂。其中蛋白粉的作用无需多言，这是几乎所有运动项目都需要补充的一种运动补剂，无论你的目标是提升绝对力量还是发展耐力水平，是提升爆发力还是完善肌肉形态，你都必须依赖肌肉带给你的重要帮助，而蛋白粉正是帮助肌肉生长的重要运动补剂。在种类的选择上，我们建议大家可以使用碳水化合物含量以及热量较低的分离乳清蛋白粉，后者相比传统的乳清蛋白粉不仅可以提供更多的蛋白质，降低热量以及碳水化合物的摄入，同时还可以带来更好的吸收率。

力量训练所需要的氨基酸类补剂主要集中在对支链氨基酸的需求上，尽管它并不能够直接提升你的力量成绩，但是它可以帮助你避免肌肉流失，并且提供力量训练时所需要的能量来源，加速肌肉的恢复，从而一定程度上间接提升你的力量水平。而肌酸类补剂的效果无需多言，它不仅是训练时能量供应的主要来源之一，同时更可以提高肌肉力量，使我们的整体力量成绩得到增长。不过要注意的是，肌酸会在一定程度上导致体重出现增长，我们在补充肌酸的同时可以适当控制一下碳水化合物的摄入量，避免出现体重不受控的增长。

有一部分使用力量训练模式的健身爱好者会不注意在饮食中对维生素的摄入，他们的饮食结构主要以富含蛋白质的肉类为主，这种方式容易造成消化吸收能力的降低，某种程度上也会降低其所摄入蛋白质的利用率。此外，维生素C也是很好的训练辅助伙伴，它可以使我们在训练时保持更加充沛的体能，对于提高训练效果有很好的帮助。我们在日常可以适当补充一些维生素类补剂，无论是单一元素的维生素C片或维生素B片，还是富含多种维生素的复合维生素片都是不错的补充手段。

训练前补剂是很多健身爱好者所关注的重点，有的人甚至会对其产生依赖性，认为一旦自己缺少训练前补剂所带来的兴奋性，便会影响自己在正常训练时的力量表现。这种想法是存在很大误区的。尽管我们不能否认高度兴奋的状态下人体的力量水平比正常情况时会有一定的提高，但这种情况主要存在于神经募集能力较一般的健身爱好者身上，超乎平时的兴奋性会使其神经募集能力得到提升，调动更多的肌肉参与到做功中，从而使力量水平得到提升。如果是神经募集能力较强的高水平健身爱好者或专业运动员，那么这种兴奋性所带来的力量提升是微乎其微的。因此，我们建议大家在选择训练前补剂时尽可能选择充血效果较好的补剂，而非一味关注通过补剂所获得的兴奋性的高低。

在关节保护类补剂的选择上，力量训练对于关节和韧带会造成一定压力，选择对于保持关节健康有积极意义的关节保护类补剂是十分有必要的，它可以在一定程度上起到部分预防伤病的作用。在具体种类的选择上，我们建议大家最好选择含量较丰富，包含钙、维生素D、鲨鱼软骨素或氨基葡萄糖等多种营养物质的复合关节保护类补剂。

▶ 针对性解决方案

对于使用力量训练模式的健身爱好者，首先要做到的是对自身现在的体重以及力量水平进行一个合理的判断。如果你的体重较大并且力量水平较

低，那么你需要时刻谨记避免体重的再度增加。在一定程度上甚至需要安排一定的有氧训练，这对于体重较大且体能储备较差的健身爱好者而言是有很大帮助的，它能够给他们带来高强度力量训练所必需的体能基础。如果你的体重较小并且力量水平较低，那么你可以一定程度上增加对热量的摄入，使自身的体重和肌肉量达到一个符合力量训练需求的基本标准。不过在这个过程中请一定注意，千万不能够出现过多无用体重的增加，否则对于力量的增长是没有帮助的。如果你的体重较正常并且具备一定的力量水平，那么你会拥有多种选择：将自己的体重保持在现在这个范围内，把注意力主要放在力量的增长上；或者将自己的体重逐步往上涨，同时带动力量水平达到更高的阶段。此时唯一要注意的是，如果选择将继续逐步上涨体重，请一定确保自身必须具备较高的营养水平。

其次，我们应当合理把握训练日与非训练日不同的营养与饮食摄入结构，避免出现因热量摄入不足所产生的训练日状态不佳，或因热量摄入超标所导致的非训练日体重增加过多的现象。在具体的食物补充上，我们要尽可能地选择健康的食物来源以及烹调方式，均衡膳食营养，同时可以适当借助运动补剂的辅助，使我们的营养补充更加多元化且具有针对性。蛋白粉、支链氨基酸以及肌酸等运动补剂可以使我们的力量训练更加高效，同时保证较好的肌肉形态和身材，达到真正意义上的"力形兼备"。

4 爆发力训练与营养饮食的搭配方法

爆发力训练指的是通过特殊的训练器械以及训练方法，提高健身爱好者自身的爆发力水平，并直接作用在弹跳力、启动速度等具体的运动表现力上。高水平的爆发力也是必须建立在高水平的营养与饮食基础之上的。如果你的营养补充不均衡，或使用的运动补剂针对性不强，那么便会极大程度限制爆发力水平的提升。在《体能增长与健身训练》中我们便曾提及，爆发力训练几乎是所有运动训练模式中难度最大的，因此其对应的营养与饮食水平也是所有运动训练模式中最高的。你必须确保二者都处于极高的水平，否则爆发力提升便只能是一个无法实现的梦想。

▶ 体重与爆发力之间的关系

爆发力指的是人在最短的时间内能够用最快的速度去释放尽可能大的力量的能力，它会直接转换在弹跳高度或奔跑速度等具体的数字上。这种特殊的运动能力要求健身爱好者一定要对自己的体重特别是脂肪以及肌肉含量的比例具有极强的把控能力。理论上讲当你的体重越低时，你在奔跑或跳跃时所受到的整体阻力也会较低。但爆发力最终的落脚点还是在力量上，如果你只顾对体重进行控制，反而丧失重要的肌肉力量基础，那么你也不会获得真正高水平的爆发力。我们能够看到无论是奥运会赛场上的百米冠军，还是NBA球场上身体素质劲爆的超级巨星，都不是单纯保持低体重的"瘦子"。

因此，如何使自身的体重保持在一个对爆发力训练具有最佳积极作用的数字上，同时又具备一定水平的肌肉量，是一个令许多健身爱好者都十分头疼的问题，这也是我们多次提到爆发力训练是难度极高的训练模式原因所在。我们建议对于希望进行爆发力训练的健身爱好者，可以先根据自身肌肉水平决定是否先从增肌训练入手。若你的肌肉水平较差，使用增肌训练模式会为日后的爆发力训练打下坚实的基础。此时你的体重也会进入到一个相对较稳定的范围内，可以在这个体重基础上开展专项的爆发力训练，通过身体在训练中的具体反应来判断增加或减少体重。如果你在训练时感觉身体负担较重，那么我们建议你可以适当减轻一点体重，使自己的身体变得更加轻松。相反的，如果你在训练时感觉部分训练内容对于肌肉力量要求较大，自己现阶段无法完成，那么可以适当增加一部分肌肉，以确保爆发力训练的具体内容都能够充分完成。

▶ 训练日与非训练日饮食的不同

爆发力训练的整体训练量会相比增肌训练、减脂训练以及力量训练要高一些，这便导致在训练日时我们需要摄入更多一点的热量以满足训练的需求，特别是一些快速供能的食物更是我们在爆发力训练时所经常补充的，比如有的健身爱好者会在爆发力训练时食用蜂蜜或香蕉等能够快速给自己"加油"的食物。由于爆发力训练相比力量训练频率较高，因此在一个周期内非训练日的天数并不多，有的时候一周只有一个或两个非训练日。在此期间我们需要注意的是降低碳水化合物的摄入量，并且较为明显地提升蛋白质以及氨基酸的摄入量，使身体在不增加额外无用体重的情况下尽可能加快肌肉的修复，促进肌肉的生长。

▶ 针对性运动补剂

爆发力训练所需要补充的运动补剂主要分为蛋白粉、氨基酸、肌酸、训练前补剂、关节保护类补剂。其中蛋白粉的作用无需多言，这是几乎所有运动项目都需要补充的一种运动补剂，无论你的目标是提升绝对力量还是发展耐力水平，是提升爆发力还是完善肌肉形态，你都必须依赖肌肉带给你的重要帮助，而蛋白粉正是帮助肌肉生长的重要运动补剂。但是在爆发力训练中，健身爱好者对于蛋白粉的需求相比力量训练或增肌训练要低得多，原因在于爆发力训练时健身爱好者必须将自身的体重控制在最佳范围内，大量补充蛋白粉容易造成体重超标的现象。在具体种类的选择上，我们建议大家使用热量以及碳水化合物含量更低的分离乳清蛋白粉。

爆发力训练所需要的氨基酸类补剂主要集中在对支链氨基酸的需求上，尽管它并不能够直接提升你的爆发力，但是它可以帮助我们避免肌肉流失，并且提供爆发力训练时所需要的能量来源，加速肌肉的恢复，从而一定程度上间接提升你的爆发力水平。而肌酸类补剂的效果无需多言，它不仅是训练时能量供应的主要来源之一，同时更可以提高肌肉力量，使我们的整体爆发力水平得到增长。不过要注意的是，肌酸会在一定程度上导致体重出现增长，对于进行爆发力训练的健身爱好者一定要注意对肌酸摄入量的把控，不要使自己的体重超出最理想的范围。

与力量训练不同，爆发力训练所需要的训练前补剂应当主要围绕提高人体在训练时的兴奋性以及专注度，这是爆发力训练所最看重的方面。与使用器械较多的增肌训练或力量训练不同，爆发力训练往往需要健身爱好者进行频繁且快节奏的奔跑或跳跃练习，对于奔跑的速度快慢以及跳跃的高度都有一定的要求。如果你在训练时注意力不集中或不够兴奋，那么便无法带来最好的运动表现力，奔跑的速度以及跳跃的高度都会受到明显削弱，不利于爆发力水平的提高。因此，在使用训练前补剂时请务必将注意力集中在那部分对于提高兴奋性较强的训练补剂上，该类补剂往往会含有一定量的咖啡因。

在关节保护类补剂的选择上，爆发力训练对于关节和韧带会造成一定压力，选择对于保持关节健康有积极意义的关节保护类补剂是十分必要的，它可以在一定程度上起到部分预防伤病的作用。在具体种类的选择上，我们建议大家最好选择含量较丰富，包含钙、维生素D、鲨鱼软骨素或氨基葡萄糖等多种营养物质的复合关节保护类补剂。

▶ 针对性解决方案

对于希望提高爆发力水平的健身爱好者而言，在训练和营养的搭配上一定要注意合理把控体重，让自身的体重在不影响基础体能的前提下尽可能拥有更多高质量的肌肉，这是逐步提升爆发力水平的基本保障之一。在日常的饮食中，我们建议大家可以选择食用饱腹感较强的碳水化合物，在防止自身因饥饿导致热量摄入过多的同时，将每日总热量的摄入控制在最合理的范围内。这是提升爆发力水平的重要先决条件，也是较难掌控的一环。此外，在日常训练时，因为爆发力训练需要消耗大量的神经兴奋性，所以我们必须使用一定的运动补剂进行辅助，这样才能够避免可能会出现的无法完成训练内容的现象。一些爆发力训练时所急需的运动补剂，比如提供大量能量来源的

肌酸以及提高训练时兴奋性和专注度的训练前补剂都是很好的提升爆发力水平的辅助手段。爆发力训练时健身爱好者往往需要进行大量的奔跑和跳跃，这对其自身的膝关节、踝关节以及腰椎都会带来一定程度的压力，此时也可以使用针对性的关节保护类补剂，尽可能使关节和韧带在爆发力训练时保持在健康的状态下。

5 耐力训练与营养饮食的搭配方法

耐力训练分为心肺耐力、力量耐力以及速度耐力三种不同的训练类型，其对于营养与饮食的需求也各不相同，在训练时我们必须根据自身训练目标的特点来搭配不同的营养与饮食。比如希望提高心肺耐力的健身爱好者一定要在日常控制脂肪和热量的摄入，体脂甚至体重的明显增加对于获得高水平的心肺耐力都是有明显制约作用的。你几乎不可能在长距离田径项目上看到有肌肉十分强壮的运动员，心肺耐力出色的往往都是那些看着甚至有点"消瘦"的运动员；比如希望提高力量耐力的健身爱好者则需要在日常适当保持一定的热量和蛋白质的摄入，否则他们便无法具备较高水平的肌肉，身体也自然无法获得足够的力量耐力的持续供应。在格斗类等需要力量耐力的运动项目中，每个运动员都必须具备较强的肌肉基础；而对于希望提高速度耐力的健身爱好者，一定要注意在日常均衡摄入热量与蛋白质，使身体保持在一定肌肉水平的前提下，同时避免增长过多体重，以防体重超标从而影响速度耐力的发挥。在400 m或800 m等考验速度耐力的项目中，运动员的身材较均衡，即拥有强壮的肌肉，同时又不会显得过于庞大或笨重。

体重、耐力、体脂之间的关系

对于不同类型的耐力训练模式，健身爱好者自身对于体重和体脂的把控也各不相同。对于使用心肺耐力训练模式的健身爱好者，应当时刻注意保持低体脂，这是高水平心肺耐力的重要先决条件。当你在进行心肺耐力训练时，皮下脂肪含量越低，所带来的持续奔跑或游泳的能力也会变得越强。对于使用力量耐力训练模式的健身爱好者，可以让自己保持一定的体脂含量，这会在训练时给予关节以及韧带一定的保护，避免出现体脂过低所导致的拉伤现象。但绝对不能不注意对脂肪的把控，否则体脂过高也会影响力量耐力的发挥。如果用数字化的体脂率概念来判定具体的体脂含量，那么心肺耐力最佳的体脂率应当不超过6%，而力量耐力最合适的体脂率应当在10～12%之间。对于使用速度耐力训练模式的健身爱好者，体脂含量一定要兼顾运动表现力和肌肉质量这两大要素，这样才能够使健身爱好者自身的速度耐力保持在较高的水平。速度耐力最合适的体脂率应当在6%～10%之间，过低的体脂会使健身爱好者没有足够的速度优势，而过高的体脂则会使健身爱好者难以维持长时间的高速运动。

训练日与非训练日饮食的不同

针对不同类型的耐力训练模式，所对应的训练日与非训练日的饮食也各不相同。对于使用心肺耐力训练模式的健身爱好者，训练日与非训练日的基础饮食摄入应当没有太大的不同，唯一核心的区别在于训练日当天需要补充大量的能量及水分，以保证自身可以支撑高强度的心肺耐力训练模式。对于使用力量耐力训练模式的健身爱好者，训练日需要摄入相比非训练日更多的碳水化合物和热量，以确保顺利完成高强度的训练计划。在非训练日时要注意摄入较多的蛋白质同时减少一定的碳水化合物摄入量，使肌肉可以充分地恢复，同时提升力量水平。对于使用速度耐力训练模式的健身爱好者，训练日与非训练日的饮食摄入可以适当参考力量耐力训练时的原则，唯一需要注

意的是在训练时不要忘记随时补充身体可以快速吸收的糖分及能量，比如蜂蜜、香蕉等食物。

▶ 针对性运动补剂

耐力训练所需要补充的运动补剂主要分为蛋白粉、氨基酸、肌酸、维生素、水或功能型饮料、训练前补剂、关节保护类补剂。其中蛋白粉的作用无需多言，这是几乎所有运动项目都需要补充的一种运动补剂，无论你的目标是提升绝对力量还是发展耐力水平，是提升爆发力还是完善肌肉形态，你都必须依赖肌肉带给你的重要帮助，而蛋白粉正是帮助肌肉生长的重要运动补剂。但是在耐力训练中，心肺耐力训练对于蛋白粉的需求并不大，尽管有的分离乳清蛋白粉可以做到零碳水化合物以及零糖，但是对于心肺耐力训练这种对体重要求比较极端的训练模式而言，也并不是十分必需的运动补剂。力量耐力和速度耐力训练是更需要在日常补充蛋白粉的训练类型。

耐力训练所需要的氨基酸类补剂主要集中在对支链氨基酸的需求上，尽管它并不能够直接提升你的耐力水平，但是它可以帮助你避免肌肉流失，并且提供爆发力训练时所需要的能量来源，加速肌肉的恢复，从而一定程度上对你的速度耐力、力量耐力以及心肺耐力都有间接的提升作用。而肌酸类补剂的效果无需多言，它不仅是训练时能量供应的主要来源之一，同时更可以提高肌肉力量。不过要注意的是，肌酸会带来一定程度体重的增长，因此并不适合在心肺耐力训练时使用，它的作用还是帮助对力量和速度有要求的力量耐力以及速度耐力的提高上。

富含维生素以及多种矿物质的复合维生素类补剂是耐力训练时十分重要的一种运动补剂，无论是对于心肺耐力、力量耐力还是速度耐力都是很好的辅助手段。维生素以及矿物质可以帮助我们在训练时应对容量较高的耐力训练模式，是健身爱好者不可或缺的好帮手。在训练前补剂的选择上，心肺耐力训练并不十分需要训练前补剂的帮助，因此我们只需要在力量耐力以及速度耐力训练时使用针对性的训练前补剂。当你使用力量耐力训练时，我们建议最好使用偏向肌肉充血更强的训练前补剂，这会更好地提升你的肌肉力量。当你使用速度耐力训练时，我们建议最好使用偏向兴奋性更强的训练前补剂，这会使你有一个更好的专注度与训练表现。

因为耐力训练模式独有的特点，健身爱好者容易在训练时出现大量的水分流失，所以在使用耐力训练模式时一定不能忽略对水分的补充，不然轻则容易导致肌肉出现痉挛，重则会出现肌肉的严重拉伤等危害性较强的伤病。在水分的补充上，我们建议大家可以选择最传统的矿泉水或功能型饮料，这两种方式在补水的问题上几乎没有什么明显的不同点，唯一的区别在于对矿物质的补充。功能性饮料毫无疑问会带来更多矿物质的补充，有的饮料中甚至还会添加部分维生素等营养物质。若你在训练时汗流浃背，你可以通过汗水的味道来分析自己是否处于明显的矿物质缺乏的状态。如果你的汗水比较咸，那么这意味着你应当立即补充富含矿物质的功能性饮料。

在关节保护类补剂的选择上，耐力训练对于关节和韧带会造成一定压力，选择对于保护关节健康有积极意义的关节保护类补剂是十分有必要的，它可以在一定程度上起到部分预防伤病的作用。在具体种类的选择上，我们建议大家最好选择含量较丰富，包含钙、维生素D、鲨鱼软骨素或氨基葡萄糖等多种营养物质的复合关节保护类补剂。

▶针对性解决方案

在兼顾耐力训练与饮食营养二者之间，我们需要先根据自身的目标确定所使用的耐力训练模式，不同耐力训练模式所对应的饮食与营养结构是完全不同的。接下来我们便可以根据不同耐力训练模式、自身的体重以及体脂率设定一个最基础的饮食与营养方案。当我们体重趋标但体脂较正常时，我们可以适当减少碳水化合物的摄入量或加大训练量，使身体尽快减负。当我们体重并不超标但体脂超标时，我们可以严格把控脂肪的摄入量以及食物的烹调方式，使饮食变得更加干净，进一步降低体脂率。第三步，我们要注意根据不同的耐力训练模式选择不同的运动补剂进行补充,其中心肺耐力训练相比其余两种训练模式对于运动补剂的需求较低,但是三种不同的训练模式都对于水和功能性饮料有着极强的依赖感,功能性饮料可以帮助我们在训练时保持体能时刻处于最充沛的状态,避免因耐力训练容量较高所导致的身体出现不必要的运动损伤的情况。

第二章 增肌的进阶方法

在《体能增长与健身训练》中我们将身体的主要肌群按照上肢肌群、核心肌群、伸髋肌群、伸膝肌群以及小腿肌群进行划分与讲解,针对健身爱好者所普遍关注的肌肉形态与局部增肌强化的问题给出了一些比较常见的解决方案。在这一章中,我们会为大家带来更多不同区域肌肉的训练动作以及训练方法的讲解,避免广大健身爱好者在训练的同时走入不必要的误区,提高自身增肌训练的效率。

为了使你的增肌训练更加高效,我们必须在训练动作以及训练方法上做出重要突破,具体的方法主要集中在以下四个方面:

1. 善用预疲劳训练法

预疲劳法可以帮助我们避免在增肌训练中出现肌肉刺激不到位的情况。对肌肉刺激不到位比较容易出现在我们身体较薄弱的肌群,健身爱好者往往很难感受到相应肌群的孤立发力能力,如果不使用预疲劳法来帮助薄弱部位增加孤立刺激感受,便容易导致薄弱肌群长期无法得到真正

的提高。预疲劳训练法的原理很简单，即在训练时通过预先练习容易影响真正目标肌群发力的辅助肌群，使其肌肉力量受到大幅度削弱，然后再针对目标肌群进行集中刺激。比如我们本次训练的目标肌群是三角肌，在三角肌练习时斜方肌和肱三头肌容易使身体产生代偿发力，从而影响原本的三角肌训练效果。此时我们可以选择先进行一组杠铃耸肩，使斜方肌受到一定刺激后再进行侧平举的练习，这会相比单独进行侧平举练习容易使三角肌获得更好的孤立刺激感受。

2. 善用超级组训练法

超级组训练法是我们之前在《体能增长与健身训练》中便提及的训练方法，它可以给目标肌群带来更强的刺激感受，同时在不明显增加训练量的前提下，大幅度提高训练强度，使增肌训练变得更加高效。超级组训练法的细分方式有很多种，我们可以使用两种拮抗肌训练动作所组成的超级组，比如将刺激肱二头肌的哑铃弯举和肱三头肌的哑铃俯身臂屈伸进行超级组练习，大幅度提高训练效率。我们还可以在一个动作中使用不同的重量组成超级组，我们可以使用递增或递减重量的方式，这是最常见的超级组练习。当然，我们也可以提高超级组的难度，使用递增+递减重量的金字塔组（巨型组），这可以使我们的肌肉受到最彻底的刺激。

3. 力竭次数

力竭次数相比固定的15～20次或12～15次等传统的次数训练法可以带给健身爱好者更强烈的肌肉充血感，它可以充分压榨我们肌肉所储藏的最后一丝能量，使增肌训练的效果最大化。不过要注意的是，并非每个健身爱好者都可以使用力竭次数这种独特的次数训练法，你必须确保自身具备一定的肌肉力量基础，否则当你在一个重量的第一组进行力竭次数的练习时完成15～18次，由于肌肉力量不足在第二组出现断崖式崩溃，只能完成8～10次，那么这意味着你还不适合使用力竭训练法，我们建议你应当使用传统的固定次数的训练法，使肌肉力量得到更好强化后再试着尝试力竭次数的练习。

4. 针对性动作

如果你想让你的增肌训练更加高效，那么请不要忘记在训练中安排针对性的训练动作。这里我们所指的针对性训练动作并非单纯指的是使肌肉刺激感更强的孤立训练动作，而指的是通过调整不同的角度，使目标肌群可以得到多角度全方位的针对性刺激。比如当我们进行侧平举练习时，传统的哑铃侧平举要求健身爱好者身体直立，双臂举起哑铃与地面平行即可。但我们可以安排针对性更强的多角度的侧平举训练动作，比如当我们三角肌中束靠下的部位较薄弱时，我们可以倾斜一侧身体，然后将哑铃举至与地面平行，这可以使三角肌中束靠下的部位受到更强的刺激。当我们三角肌中束靠上的部位较薄弱时，我们可以使用将哑铃举至头顶的方式，这可以使三角肌中束靠上的部位得到锻炼。如此一来，只要你充分掌握针对一个部位的多角度的训练动作，那么便可以使肌肉得到更加立体的发展。

❶ 斜方肌打造方法

斜方肌位于颈部和背部处，一侧成三角形，左右两侧共同组成一个斜方形。斜方肌可以使肩胛骨上提、上回旋以及后缩，同时还可以使肩胛骨后缩、上回旋，并且使肩胛骨下降以及上回旋。此外斜方肌还可以使健身爱好者的头和脊柱保持在伸直状态下。斜方肌是上肢十分重要的肌群之一，发达的斜方肌不仅可以增强上肢肌肉的整体强壮感，同时还可以提高健身爱好者的力量水平，是健身爱好者不可忽视的训练重点。不过，斜方肌在训练时也要注意方式方法，有的健身爱好者在练习时只关注斜方肌上部的练习，对于斜方肌中下部缺少针对性的刺激；并且在具体的训练动作上，有的健身爱好者会有极大的姿势误区，使用错误的肌肉进行代偿发力，从而无法使斜方肌得到原本应有的刺激。

▶ 斜方肌的训练误区

重量使用过大。 有部分健身爱好者在使用杠铃耸肩练习时会选择使用远超出自身承受能力的重量进行练习，从而出现明显地使用其余部位肌肉进行代偿发力的错误现象。我们要求健身爱好者在进行耸肩等训练时所使用的重量可以参考自己的硬拉极限重量，比如当你的硬拉极限重量在250 kg时，你可能会使用180 kg左右的重量进行3组，每组10次的训练。那么相对应的当你需要进行3组，每组10次的杠铃耸肩训练时，你也应当使用180 kg的重量进行练习，这样才可以确保最大程度保证肌肉所受到的孤立刺激效果。

训练动作过于单一。 有的健身爱好者在进行斜方肌训练时往往只会选择杠铃耸肩这样一个动作，这对于斜方肌的整体刺激会相对较薄弱。我们可以在训练时安排像体后耸肩这种相对刺激斜方肌中部更多的训练动作，同时也可以使用上斜椅的帮助，进行上斜哑铃耸肩练习，这会相比上半身垂直于地面的耸肩练习给予斜方肌不同角度的刺激。

训练次数过低。 在斜方肌训练时，有的健身爱好者因为使用较大重量进行练习的缘故，导致每组只能够使用较少的次数进行练习，这种训练方式对于增肌是没有太大作用的，对于斜方肌本身更没有太多辅助作用。唯一有实际应用价值的是在提升硬拉成绩的周期性计划中，我们可以在高强度阶段使用相对大重量的杠铃耸肩练习，以达到辅助硬拉成绩提高的作用。不过需注意的是，即使是使用相对较低的训练次数，每组也不应当低于8次以内，我们没有任何理由去测试所谓的杠铃耸肩的"极限重量"。

训练姿势不标准。 斜方肌的训练姿势并不是十分难以掌握的技巧，只要你学会自如调动肩胛骨，那么便不愁无法获得强烈的斜方肌刺激感。如果你在日常训练时担心姿势不标准，我们建议你可以使用史密斯机耸肩的方式，将杠铃放在斜方肌上，双手自然垂于身体两侧，利用史密斯机滑轮的固定效果进行耸肩练习，这样便不会担心再出现手臂用力过度或腿部屈膝借力明显的错误训练姿势。

▶ 斜方肌的组数与次数

单一组。在斜方肌训练时我们可以使用传统的单一组训练方法，每个动作进行3~5组的练习，每组完成10~20次。当你需要适当提高斜方肌的肌肉力量时，我们建议可以使用3组，每组10次这种方法，它可以在保证动作不变形的前提下使用相对较大的重量，有助于提升斜方肌的肌肉力量。当你需要使斜方肌变得更加粗壮时，我们建议可以使用4~5组，每组12~15次这种方法，它可以给予肌肉最充分并且最彻底的刺激。当你需要提升斜方肌的肌肉耐力时，我们建议可以使用5组，每组20次这种容量较高的训练方法。不过需注意的是，斜方肌属于较容易产生疲劳的肌肉群，因此每组20次这种方法会使斜方肌出现瞬间的力竭感，我们并不建议训练经验较低的健身爱好者使用这种方法进行练习。

超级组。我们建议健身爱好者可以在训练时使用超级组的训练方法，比如将杠铃耸肩和哑铃耸肩相结合进行练习，通过杠铃的方式先消耗斜方肌大部分力量基础，在使用做功距离更长，对肌肉刺激范围更广的哑铃进行深层刺激，获取最强的肌肉刺激感受。不过，超级组对于健身爱好者的力量基础有着极高的要求，如果你的斜方肌原本就属于相对较薄弱的肌群，那么我们并不建议使用这种方式进行练习。在进行超级组训练时，我们可以每个超级组组合安排3~4组，每组完成目标重量的力竭次数练习。

预疲劳法。有的健身爱好者在进行杠铃耸肩练习时容易借助肱二头肌的力量，这种代偿发力并不是我们所希望看到的。为了解决这个问题，我们可以在杠铃耸肩前安排一组以尽可能放慢离心速度为目的的哑铃弯举练习，使手臂力量几乎无法参与到耸肩训练中，然后再进行杠铃耸肩的正式组训练。我们只需要在第一组杠铃耸肩训练开始前进行一组哑铃弯举即可，一般不需要在每个杠铃耸肩的正式组开始前都使用预疲劳法。

斜方肌的进阶训练动作

史密斯耸肩

姿势：使用史密斯机进行体前或体后的杠铃耸肩练习，为了获得更强烈的肌肉刺激，我们可以在杠铃上举至最大程度时保持1~2秒的顶峰收缩，从而使肌肉受到更加充分的刺激。

注意事项：史密斯机是固定运动轨迹的特殊器械，健身爱好者需要使自身的发力与史密斯机的运动轨迹相贴合，否则训练的区域会出现偏差。此外，在练习时要注意避免出现过大幅度的膝关节屈伸现象，不要试图借助大腿或股四头肌的力量进行耸肩。你需要完成的是通过斜方肌的力量将杠铃上拉并且带动肩胛骨上升，而不是将杠铃握在手中，利用"半蹲"的力量来完成耸肩。

重量：史密斯耸肩与杠铃耸肩不同，我们没有必要使用相对较大的重量，每组的训练次数应当围绕在12~15次左右。

变式动作：我们可以将史密斯的杠铃调至斜方肌的高度，然后采用深蹲时的姿势扛住杠铃，双手自然伸直于身体两侧，完全利用斜方肌的力量向上顶杠铃进行训练，这种方法可以从根本上杜绝手臂的代偿发力，是孤立刺激更强的训练动作。

价值：史密斯耸肩相比传统的杠铃或哑铃耸肩可以更好地规定标准的运动轨迹，确保健身爱好者的肌肉受到最精准的刺激。

上斜耸肩

姿势：使用上斜训练椅并将倾斜角度调整至45度左右，双手握住哑铃并躺在上斜椅上，手臂保持与地面垂直然后进行耸肩练习。

注意事项：注意哑铃耸肩的运动轨迹始终为垂直于地面，不可出现因上斜椅倾斜角度所导致的运动轨迹呈斜线。

重量：我们建议健身爱好者使用相对较小的重量，以获得最好的肌肉充血感。

变式动作：我们也可以采用俯身趴在上斜训练椅的姿势进行哑铃上斜耸肩训练。

价值：上斜耸肩虽然核心刺激的肌肉区域还是斜方肌的上部，但是其相比正常的哑铃耸肩会带给斜方肌中部更多刺激。

引体式耸肩

姿势：双手握住单杠，身体保持自然直立状态，身体在不借助任何手臂力量的前提下，利用斜方肌发力带动上半身向单杠处运动进行引体式耸肩训练。

注意事项：切忌使用背阔肌或手臂的力量来完成训练，我们的目标并不是像正常的引体训练那样将身体上拉至特别高的高度，而是确保身体向上移动的距离是通过斜方肌的主动发力达到的。此外，在训练时要注意保持身体的稳定，不要使身体在上拉时出现明显的前后晃动。

重量：使用自身体重训练即可，没必要使用负重练习。

价值：引体式耸肩可以帮助我们尽可能孤立手臂等容易在斜方肌训练时起代偿作用的部位，使训练的孤立效果最大化。同时，引体式耸肩还可以帮助我们找寻斜方肌发力的感觉，能够帮助我们在使用其他斜方肌训练动作时

拥有更好的肌肉感受。

直立划船

姿势：双手握住直杠或曲杠，身体正常站立，利用斜方肌以及上背部的力量将杠铃上拉至胸口，然后放下杠铃进行重复练习。

注意事项：在上拉杠铃时手肘需要适当打开，并呈现V字型，这样可以使你的斜方肌以及上背部肌肉获得更好的刺激感受。在训练时我们要注意避免通过身体的晃动借力完成训练，始终切记主要的发力点应当在斜方肌而不是腿部或腰背部肌群。如果你在训练时无法获得充分的刺激感受，那么我

们建议你可以在训练前进行一组肱二头肌的孤立训练，这样可以大幅度避免直立划船时同样容易出现的手臂代偿发力。此外，健身爱好者应当根据自身手臂的灵活程度选择相应的直杠或曲杠进行练习。

重量：我们建议健身爱好者一定要使用较轻的重量进行练习，如果你使用的重量较大并且不受控制，那么你便很容易使下肢或肱二头肌大量的参与到训练中，丧失对斜方肌的针对性刺激。

变式动作：我们可以使用大飞鸟的滑轮进行绳索直立划船的练习，这种方式相比使用杠铃的传统直立划船可以带来更好的肌肉刺激感受以及更理想的运动轨迹。

价值：直立划船是很好的肌肉训练动作，它不仅对于斜方肌以及上背部肌群有较强的刺激，同时还可以起到刺激三角肌中束生长的作用。如果你将直立划船看作是一个肩部训练动作，那么这是唯一一个几乎不使用肱三头肌的肩部训练动作。

旋转耸肩

姿势：使用杠铃进行正常的杠铃耸肩训练，不过在过程中需注意使用肩胛骨先向上—再向后—再向下—最后向前的运动轨迹，这可以带给斜方肌全方位多角度的刺激。

注意事项：当你使用旋转耸肩训练时，请一定要确保足够的训练幅度，不要出现因急于进行旋转的动作姿势，出现耸肩高度不够的现象，这会极大程度减少斜方肌所受到的刺激。其次，在训练时我们建议大家最好使用相对较慢速并且有控制的训练节奏，不要使用过于迅猛的发力方式，后者对于斜方肌训练并非是十分健康的训练方法。

重量：使用相比正常杠铃耸肩轻一些的重量进行练习。

变式动作：我们也可以使用哑铃进行替代训练，它相比杠铃会有更自如的运动范围，对于斜方肌的多角度刺激会更加强烈。

价值：旋转耸肩是充分利用斜方肌生理功能的训练动作，它几乎覆盖了斜方肌的所有区域，是刺激范围最广的斜方肌训练动作。

❷ 背部厚度与宽度训练法

背部肌群是人体较大的肌肉群之一，强壮的背部"倒三角"形态是身材健美的象征，是几乎每个对增肌有追求的健身爱好者都梦寐以求的目标。但是，在实际训练中，背部却往往是很多健身爱好者较薄弱的区域，有时即使安排大量的针对性训练动作，也无法使自己的背部变得更加宽厚。究其原因，大都同健身爱好者自身对构成背部厚度与宽度的肌肉理解不同，进而出现很多在动作选择上的偏差。比如有的人希望增加背部的厚度，但是他的训练计划却充斥着大量的高位下拉，这显然是不利于提升背部厚度的。因此，如果想使你的背部变得更加宽厚，那么首先要避免走入背部训练中的诸多误区。

▶ 背部训练误区

背部厚度与宽度理解错误

如果你想提高自己背部的厚度,那么你应当将训练的重心放在背阔肌靠内的区域以及菱形肌和斜方肌中下部上。如果你想提高自己背部的宽度,那么你应当将训练的重心放在背阔肌靠外的区域以及大圆肌和小圆肌上。在实际训练中我们不难发现,几乎所有肘关节向两侧打开的背部训练动作,都会对健身爱好者背部的宽度有一定作用。而所有肘关节基本竖直向后的背部训练动作,往往刺激的是背部厚度的提升。比如当我们使用哑铃划船时,肘关节几乎是竖直向后的,其所带来的主要也是针对背部厚度的刺激。而当我们使用正常的杠铃划船时,肘关节会必不可免的打开,其主要刺激的区域也变成针对背部的宽度。

代偿发力较多

很多背部的肌肉训练动作都是需要多个肌群同时参与做功的,比如三角肌以及肱二头肌。如果我们在日常训练时不关注对于重量的合理把控,使用超出自身承受范围较多的大重量进行练习,那么便会出现不自觉的代偿发力的现象。并且,背部原本便是相对神经分布较松散的部位,这会带来一定先天的肌肉刺激感受较低的现象。此时如果在训练时不注意对姿势的把控,依旧出现明显的代偿发力,那么我们便无法拥有真正宽厚的背部肌群。

整体训练量较少

整体训练量较少是普遍存在于背部较差的健身爱好者群体中的,你应当知道背部肌群是由许多肌群共同组成的,比如背阔肌、大圆肌、小圆肌、斜方肌、菱形肌等。它绝非只有背阔肌这样一个重要组成部位,因此你绝不可以在训练时只安排几个针对背阔肌的训练动作。即使你的目标只是提升背部的宽度或厚度,但依旧不能忽略与目标无关但同样是背部重要组成肌群之一的相关训练。无论是大圆肌、小圆肌，还是背阔肌以及菱形肌，它们都值得你拿出时间进行针对性训练。

训练角度单一

背部由于整体面积较大，因此出现局部区域肌肉发展不平衡的概率相比其他部位肌群要高得多。为了避免这个问题干扰我们正常的增肌训练，我们需要从多个角度进行对背部肌群的全方位、多角度的立体式"轰炸训练"。如果你还是停留在只进行宽握的高位下拉这一种训练方式，不去关注窄握、对握等不同握法的高位下拉训练，那么你的背部注定无法变得真正强壮。这个问题在背阔肌的训练上同样体现的很明显，顶级健美运动员的背阔肌可以从"腰"上长出来，但很多训练水平较差的健身爱好者往往只拥有一小截看似被"砍断"的背阔肌。这些都是我们需要通过多角度或不同做功距离所逐步弥补和解决的。

不使用助力带

有的人认为助力带会影响你的握力水平，甚至容易出现握力的退化。但如果你的目标不是成为一名举重运动员，或者对徒手硬拉的极限成绩没有太高追求的话，我们十分建议你在背部训练时使用助力带。这其中的原因十分简单，握力相比背部的肌肉力量会更快出现力竭，如果不使用助力带，那么在训练时你就容易出现手上没力气了，但是背部却没有受到充分刺激的情况。这种现象显然是不利于背部肌肉生长的。此外，如果不使用助力带，那么在训练时我们便会将更多注意力放在手臂的力量上，这对于感受背部肌群的孤立发力是有反作用的。要知道，背部原本就是不容易感受到明显肌肉刺激的部位，因此我们更加建议大家在训练时选择佩带助力带。

▶ 背部训练的组数与次数

单一组。在背部训练时我们可以使用传统的单一组训练方法，每个动作

进行4~5组的练习，每组完成12~20次。当你需要适当提高背部的肌肉力量时，我们建议可以使用4组，每组12次这种方法，它可以在保证动作不变形的前提下使用相对较大的重量，有助于提升背部的肌肉力量。当你需要让背部变得更加宽厚时，我们建议可以使用4~5组，每组15~20次这种方法，它可以给予肌肉最充分并且最彻底的刺激。

超级组。我们建议健身爱好者可以在训练时使用超级组的训练方法，比如将杠铃划船和哑铃划船相结合进行练习，通过杠铃的方式先消耗背部肌群大部分力量基础，在使用做功距离更长，对肌肉刺激范围更广的哑铃进行深层刺激，获取最强的肌肉刺激感受。不过，超级组对于健身爱好者的力量基础有着极高的要求，如果你的背部肌群原本就属于相对较薄弱的肌群，那么我们并不建议使用这种方式进行练习。在进行超级组训练时，我们可以每个超级组组合安排3~4组，每组完成目标重量的力竭次数练习。

预疲劳法。有的健身爱好者在进行杠铃划船时容易借助肱二头肌或肩部的力量，这种代偿发力并不是我们所希望看到的。为了解决这个问题，我们可以在杠铃划船前安排一组以尽可能放慢离心速度为目的的哑铃弯举练习，使手臂力量几乎无法参与到划船训练中，然后再进行杠铃划船的正式组训练。我们只需要在第一组杠铃划船训练开始前进行一组哑铃弯举即可，一般不需要在每个杠铃划船的正式组开始前都使用预疲劳法。

▶ 背部进阶训练动作

上斜划船

姿势：使用上斜训练椅进行练习，将椅子倾斜角度调整为45度左右，俯身趴在椅子上，胸部抵住椅背，使用杠铃进行正常的杠铃划船练习。

注意事项：训练时最好保持双腿伸直放松，不要借助双脚用力蹬地所获取的力量进行划船练习。为了获得最好的训练效果，我们建议大家在练习时要尽可能将杠铃拉至最靠近椅子的高度，这样可以带给背部肌群更强的刺激。

重量：因为上斜训练椅会起到很强的孤立训练效果，所以我们很难在上斜划船时使用较大的重量，我们建议健身爱好者还是应当选取肌肉充血最强的较轻的重量进行练习。

变式动作：可以使用哑铃进行替代练习，哑铃相比杠铃会带来更多的运动幅度，能够刺激背阔肌更靠下的区域。

价值：上斜划船是很好的孤立刺激背部肌群的训练动作，我们可以使用正手握杠铃的方式进行杠铃上斜划船，发展背部的宽度。也可以使用对握哑铃的方式进行哑铃上斜划船，发展背部的厚度。这个动作是在没有专业T杠划船器械时最好的替代动作。

多种角度高位下拉

姿势：在使用正常高位下拉的基础上进行不同角度的练习，比如我们可以选择将直杠拉到锁骨处，这会给上背部肌群带来强大刺激。我们也可以稍微后仰身体，将直杠拉到上胸处，刺激的区域会主要转移到上背靠下的肌群。当然，我们还可以更加后仰身体，将直杠拉到下胸处，刺激的区域会变成中背部肌群。

注意事项：我们可以在一个训练组内使用三种不同角度的高位下拉进行超级组练习，即三种角度都完成才算作一次练习。当你使用这种方法时最好选择佩带助力带，否则握力的瓶颈会容易使你的背部无法受到最充分的刺激。

重量：使用较轻的重量进行超级组练习。

变式动作：如果你使用正常的直杠进行高位下拉训练，那么主要解决的往往是背部宽度不足的问题。如果你想让背部变得更厚，那么我们建议你可以使用对握的V字把手进行多种角度的高位下拉。

价值：很多健身爱好者在日常训练时往往只会将直杠拉至上胸处，这种方式不会给大圆肌、小圆肌以及背阔肌带来最全面的刺激。通过在训练中调整不同的上半身后仰幅度，可以带给背部肌群全方位的刺激。

俯身单臂绳索划船

姿势：上半身俯身向下至背部与腿部呈接近直角，背部保持伸直，将绳索滑轮调整至与背部同高度的位置，单手握住绳索进行单臂绳索划船训练。

注意事项：首先一定要确保在训练时保持背部伸直，如果你的柔韧性不足以使你在背部与腿部呈直角时保持背部的伸直，那么我们可以适当抬起上

半身的倾斜角度或腿部稍微弯曲。千万不可以在弯曲背部的状态下进行单臂绳索划船，这会有可能使你的背部受到损伤。其次，我们建议大家在练习时可以通过前臂旋转的方式进行单臂绳索划船训练，这会比单纯将绳索水平向后拉的方式能使背阔肌下部得到更强烈的刺激。

重量：使用较轻的重量进行练习，大重量会容易使你借助腿部半蹲的力量进行代偿训练。

变式动作：我们也可以使用直杠进行宽握的俯身绳索划船，这种方式会更加偏向于刺激背部宽度的提升。

价值：绳索训练可以带给我们相比杠铃或哑铃更精准的运动轨迹，对于目标肌群的增长以及充血效果更好。

哑铃单臂转体划船

姿势：使用哑铃在进行传统单臂划船的基础上，随着哑铃向上移动逐渐向同侧旋转上半身，以确保哑铃可以刺激到背阔肌更靠下的区域。当转至最大幅度后，保持1～2秒的顶峰收缩然后进行重复练习。

注意事项：注意旋转的部位主要是上半身，不要使整个身体都进行旋转，否则腿部以及髋关节的力量会参与到训练中。其次，一定注意上半身旋转的节奏是随着哑铃的向上移动进行的，切记不能够出现先将哑铃举起再旋转上半身这种不同步的训练节奏。

重量：使用较轻的重量进行训练，如果像传统的哑铃划船训练时使用较大重量的哑铃，那么很容易导致训练过程中手臂与腿部承受的力量远远高于背部肌群，不利于背部肌肉的生长。

变式动作：我们可以在上半身旋转至最大幅度以及哑铃上举至最高处后，沉肩向下压肘，使哑铃向下挤压背阔肌的最下沿。这种方法可以使我们的整个背阔肌都在训练中得到刺激。

价值：相比传统的哑铃划船可以刺激更多背阔肌下沿的肌肉，这是很多健身爱好者在进行背部训练时往往比较容易忽视的部位。

跪姿单臂绳索下拉

姿势：将绳索调整至合适的高度，一只手握住绳索后呈跪姿，下拉绳索把手的同时向同侧微微向后旋转身体。当身体旋转至最大幅度后，保持1～2秒的顶峰收缩然后进行重复练习。

注意事项：训练全程需要始终保持背部挺直，不要出现任何塌腰或者髋部后移的现象，这容易使我们的背部肌群无法受到最充分的刺激，训练的主要刺激点会变为手臂肌群。

重量：使用较轻的重量进行练习，较重的重量容易使我们借助髋关节或手臂的力量进行代偿发力。

价值：跪姿单臂绳索下拉相比普通的高位下拉可以刺激到更多的背部肌群，并且单臂相比双臂的训练动作可以带来更好的孤立刺激感受。

上斜直臂下压

姿势：使用上斜椅进行训练，将上斜椅调整至倾斜角度为45度左右，背靠在上斜椅上，将绳索调整至合适的高度，双手握住直杠进行上斜直臂下压练习。

注意事项：双腿尽量保持放松，不要通过双腿用力蹬地的方式进行代偿发力。其次，在训练全程尽量保持腰背部与臀部抵靠座椅靠背，不要通过臀部的借力辅助背部肌群发力。

重量：使用比传统站姿直臂下压较小的重量进行练习。

价值：传统的站姿直臂下压会使健身爱好者不自觉地借助腿部的力量进行代偿发力，这对于背部肌群的刺激效果并不好。上斜直臂下压不仅可以使我们孤立刺激背部肌群，同时还可以带来相比传统站姿直臂下压更大的运动幅度，刺激更多的背部肌群。

面拉

姿势：将绳索把手调整至与面部平行的位置，双手握住绳索把手的两端，双手外侧抵住绳索把手，向后水平拉动绳索至最大幅度，保持1～2秒的顶峰收缩后进行重复练习。

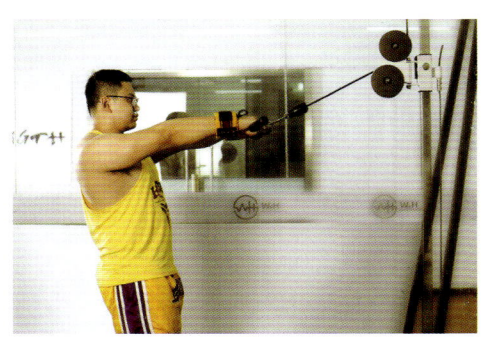 

注意事项：上半身可以保持微微后仰以使上背部肌群受到更强的刺激，但注意不可以出现背部过度后仰的现象，后者会使我们的训练变得过于简单，背部受到的刺激效果变差。其次，在训练时注意不要出现腿部的明显弯曲现象，这会使得腿部的力量参与到训练中，同样不利于上背部肌群的生长。

重量：使用较轻的重量进行练习。

变式动作：双手外侧抵住绳索把手的方式可以帮助我们强化上背部的宽度，我们也可以使用双手内侧抵住绳索把手的方式，这有助于我们上背部厚度的提升。

价值：面拉是十分优秀的背部训练动作，它不仅可以提升上背部的肌肉质量，同时还有助于深蹲、卧推以及硬拉的成绩提升。

T杠划船

姿势：使用T杠划船训练器械，上半身趴在器械靠背上，双手握住把手进行划船练习。

注意事项：为了使背部受到最强烈的刺激，我们建议大家在进行T杠划船训练时一定要将把手拉至尽可能高的位置。当你使用杠铃进行T杠划船的变式训练动作时，一定要注意避免使用腿部或髋关节屈伸所带来的力量进行代偿发力。

重量：使用较轻的重量进行练习。

变式动作：当你没有T杠划船训练器械时，我们可以使用上斜划船的方式进行替代练习，也可以使用将杠铃一端固定，另外一端用对握的绳索把手套住后进行替代练习。后者相比使用上斜椅或器械的T杠划船更加有利于背部力量的增长，对于提升硬拉成绩是不错的辅助动作。但是这种方法相对来讲无法提供器械所带来的对于肌肉的强烈刺激。

价值：很优秀的背部训练动作之一，我们可以通过握杠方式的不同使背部的宽度或厚度获得提高。当我们使用正常的横握器械把手时，训练的目标主要集中在背部宽度的提升上。当我们使用斜握器械把手时，训练的目标则主要集中在背部厚度的提升上。

侧后举腿

姿势：双手握住单杠，双脚蜷起并且尽可能保持并拢。骨盆微微前倾，然后利用背阔肌最下沿的力量向侧后方举腿，举至最高位置时刻意保持1～2秒的顶峰收缩，感受背阔肌最下沿所受到的强烈挤压感，然后再进行重复练习。

注意事项：我们举起双腿所使用的是背阔肌最下沿的力量，而非髋关节或臀部的力量，因此腿部被举起的高度有限。如果你能够将腿向侧后方举起很高的高度，那么很大程度上你是错误地运用了臀部肌肉的力量。此外，为了使训练的孤立刺激感更加强烈，我们建议大家可以使用助力带进行练习，这样便可以使健身爱好者将注意力更多集中在背部的发力感受上。

重量：使用自身体重训练即可，对于不常训练背阔肌最下沿的健身爱好者来讲，一般4～5次的重复练习便足以使你出现肌肉"抽筋"的感觉。侧后举腿是很好的完美贴合力竭训练法要求的训练动作之一。

价值：侧后举腿几乎是背部所有训练动作中唯一一个不使用双手就可以完成训练的（如果史密斯耸肩不算在内的话）。它不仅能够使你的背部获得最强的孤立刺激感，同时还可以着重刺激背阔肌最下沿这个甚至很多专业运动员都会忽视的区域。不过，这个动作也有一定的局限性，即在最初的掌握阶段需要健身爱好者大量的练习才可以掌握最正确的发力方法。

③ 胸部塑形法

胸部肌群是增肌训练中相对较容易掌握的部位，因为神经分布较密集的关系，所以我们在胸部训练时往往可以感受到比较强烈的肌肉刺激感。对于大部分健身爱好者来讲，想把胸部练得发达并不难，但如何将胸部练得有立体感并且美观，却是一个相对较困难的问题。很多健身爱好者在胸部训练时只使用几个固定的训练动作，不仅在动作选择上没有创新性，更会使胸部肌肉无法受到全方位的刺激，久而久之容易使肌肉生长出现偏差。

▶ **胸部训练误区**

使用太多自由重量

很多健身爱好者习惯在胸部训练时使用较多杠铃或哑铃的自由重量进行

练习，我们并不是说这两者对于增肌没有什么贡献，相反我们是必须借助杠铃和哑铃所带来的相对较大的负荷才可以使胸部肌群变得更加发达。但是，如果你想让胸部整体的形态变得更加美观，那么在训练时便不能一直使用以自由重量为核心的训练计划，你需要安排一些针对性的器械或绳索类的训练动作，它们可以给胸部肌群带来更好的孤立刺激效果，使胸部相对较薄弱的区域变得强壮起来。

训练负荷较高

与使用太多自由重量的训练动作类似，当你在胸部训练使用较大的负荷重量时，你的胸部所受到的刺激也在逐步减小，相反肱三头肌和三角肌前束所受到的刺激反而会加大。比如当我们使用大重量卧推进行胸部训练时，这便不是一个好的针对胸部肌肉的训练动作。因为我们要完成大重量卧推的前提是三角肌前束和肱三头肌必须具备很强大的力量，所以这会导致在练习时原本的核心目标——胸部肌群反而不再是训练的主要目标，从而不利于局部区域肌肉的生长。

缺乏多角度的刺激

在胸部训练时，哪怕相对较简单的上斜器械卧推也是可以拥有多种角度和多种变化的，当我们通过调整身体与靠背之间的角度时，我们胸大肌锁骨束的不同区域也会受到不同的刺激。如果你在练习时只是选择最传统的上斜器械卧推的话，那么你的胸大肌锁骨束所受到的刺激也会变得比较单一，不利于上胸部肌肉保持较好的立体感。这种情况同样体现在仰卧直臂上拉等从纵向角度刺激胸部的训练动作上，这种方式与传统的使用卧推或夹胸等从水平角度刺激胸部的训练动作不同，可以带给胸部肌群别样的刺激感受。

借力代偿现象明显

前面我们曾经提到过，当我们在胸部训练使用重量较大时，身体主要发力的区域往往会变成肱三头肌或三角肌前束，这两者是我们在胸部训练时经常容易出现借力代偿的部位。如果你不想自己的手臂和肩膀成为胸部训练的核心，那么我们建议你可以从以下两种方式入手，解决胸部训练时代偿发力现象明显的问题：首先，我们可以使用预疲劳的训练方法，将三角肌前束或肱三头肌与胸部的训练动作结合组成超级组，预先消耗一定肩膀和手臂的力量后，再进行胸部的孤立训练动作，便可以极大程度避免借力代偿现象的产生。其次，我们还可以选择尽可能减少肩部以及手臂发力的训练动作，这同样可以帮助胸肌受到的刺激远高于三角肌前束以及肱三头肌。

刺激目标混淆

理论上讲，对于大部分有一定经验的健身爱好者来讲，往往不会出现对动作刺激目标不清楚的现象。但是在实际的训练中，的确有很多健身爱好者因错误的训练习惯或惯性思维，产生训练刺激目标混淆的现象，这会使你直接很难找到正确的肌肉发力感，影响增肌的效果。比如像哑铃仰卧飞鸟便是很有代表性的动作，很多健身爱好者都认为这个动作的核心刺激点是在胸中缝处，但实际上如果不使用特殊的辅助训练手段，那么该动作的核心刺激点其实会偏向胸大肌的外侧。因此，在训练时大家千万不能抱有惯性思维，凡事都要通过自身的肌肉去感受。

▶ 胸部训练的组数与次数

单一组。在胸部训练时我们可以使用传统的单一组训练方法，每个动作进行3~5组的练习，每组完成10~15次。当你需要适当提高胸部的肌肉力量时，我们建议可以使用3组，每组10次这种方法，它可以在保证动作不变形的前提下使用相对较大的重量，有助于提升胸部肌肉力量。当你需要使胸部肌肉变得更加发达或更美观时，我们建议可以使用4~5组，每组12~15次这种方法，它可以给予肌肉最充分并且最彻底的刺激，有利于胸部肌肉形态的优化。

超级组。我们建议健身爱好者可以在训练时使用超级组的训练方法，比如将杠铃卧推和哑铃卧推相结合进行练习，通过杠铃卧推的方式先消耗胸部大部分力量基础，再使用做功距离更长的哑铃卧推对肌肉进行深层刺激，获取最强的肌肉刺激感受。不过，超级组对于健身爱好者的力量基础有着极高的要求，如果你的胸部肌群原本就属于相对较薄弱的肌群，那么我们并不建议使用这种方式进行练习。在进行超级组训练时，我们可以每个超级组组合安排3~4组，每组完成目标重量的力竭次数练习。

预疲劳法。有的健身爱好者在进行胸部训练时容易借助肱三头肌或三角肌的力量，这种代偿发力并不是我们所希望看到的。为了解决这个问题，我们可以根据自身情况在胸部训练时安排一组针对肱三头肌或三角肌的训练动作，然后再进行正常的胸部训练，这会使你的胸部获得比之前更好的刺激效果。一般来讲，如果你的肱三头肌相对较强，那么我们建议在胸部训练前搭配肱三头肌进行预疲劳训练，反之亦然。需注意的是，因为肱三头肌与三角肌在胸部训练时会扮演较多主要发力的角色，所以我们可以尝试在每组胸部训练前都使用预疲劳法对手臂或肩膀的力量进行消耗，直至我们在训练中能够完全感受到胸部发力时，再进行单独的胸部训练。

▶ 胸部训练进阶动作

多角度器械上斜卧推

姿势：使用上斜卧推器械进行练习，传统的训练姿势主要刺激的区域为上胸中部，我们可以向下坐一点，使上背更多接触座椅靠背，这种训练姿势主要刺激的区域为上胸上部。我们还可以向上坐一点，使中背更多接触座椅靠背，这种训练姿势主要刺激的区域为上胸下部。此外，我们还可以向内侧转动上半身进行练习，这种姿势主要刺激的区域为上胸内侧。

注意事项：在训练时尽量保持腿部全程处于放松状态，不要通过腿部的代偿发力完成练习。

重量：使用较轻的重量进行练习，否则会使肱三头肌与三角肌前束受到更多的刺激。

变式动作：如果没有上斜卧推器械，那么可以使用上斜椅与绳索的组合进行替代练习。

价值：上胸对于提升整体胸部肌群的强壮度以及美学有极高的价值，多角度的器械上斜卧推可以改变原本较单一的上斜卧推训练，使得整个上胸肌群都受到全方位无死角的刺激。

哑铃对握上斜卧推

姿势：双手对握哑铃并倚靠在上斜椅上，双手哑铃相互轻微接触，沿着锁骨位置向上推起哑铃进行练习。

注意事项：在训练时尽量保持腿部全程处于放松状态，不要通过腿部的代偿发力完成练习。腰背部与臀部紧靠训练椅，不要利用腰背部与臀部的力量进行辅助练习。

重量：使用较轻的重量进行练习，我们的目标是刺激胸部肌群，而不是追求推起哑铃的重量大小。

价值：哑铃对握上斜卧推可以着重强化对上胸内侧的刺激，不过这需要健身爱好者在练习时将注意力主要集中于胸部，而非肱三头肌或三角肌前束。在有需要的情况下健身爱好者可以使用预疲劳法来使这个动作变得更加高效。

上斜收缩飞鸟

姿势：使用传统的上斜哑铃飞鸟进行练习，当哑铃上举至接近最高处时进行1～2秒的顶峰收缩。此时，你需要一个训练伙伴帮你用力向两侧分开你的手臂，而你必须利用上胸内侧肌肉的力量保持持续收缩，避免手臂被向两侧打开。

注意事项：你只需要在哑铃上举至接近最高处时借助朋友的力量进行顶峰收缩，而不应当在刚举起哑铃时收缩。否则你的上胸内侧肌肉便不会受到最强烈的刺激，反而会使上胸外侧肌肉受到锻炼。此外，你需要让朋友知道他并不需要用特别大的力量将你的手臂真正的打开，他所施加的阻力应当符合你的上胸肌肉的力量水平。

重量：使用相比正常上斜哑铃飞鸟较轻的重量进行练习。

变式动作：我们也可以使用器械进行器械收缩飞鸟的练习，它会相比哑铃给予刚接触这个动作的健身爱好者更好的肌肉刺激感。

价值：上斜收缩飞鸟相比传统的上斜飞鸟会带给上胸内侧肌群更强的刺激，而很多健身爱好者一直认为效果不错的上斜飞鸟刺激的区域其实主要在上胸外侧肌群。

侧身单臂绳索夹胸

姿势：在传统绳索夹胸的基础上进行修改，身体站姿由面向正前方变为左手握住绳索把手，身体向左侧转，利用胸肌内侧的力量将绳索把手向右拉至最大限度，保持1~2秒的顶峰收缩然后进行重复练习。当左侧完成训练后再进行另外一侧的练习。

注意事项：一定要将绳索把手拉至最大限度，否则胸肌内侧所受到的刺激不会达到最大强度。其次，训练时保持手臂微曲，不要利用手臂或背部的力量进行练习。

重量：使用较轻的重量进行练习，否则手臂或背部会出现明显的代偿发力。

价值：传统的绳索夹胸是身体面向正前方站立的，这种特殊的姿势会使得健身爱好者在训练时出现胸肌外侧发力明显多于胸肌内侧的现象。并且当绳索被拉至最大限度甚至是左右手相互交叉后，胸肌内侧所获得的肌肉刺激并不是很强，远没有使用侧身单臂绳索夹胸时胸肌内侧所获得的运动幅度更多。

深层俯卧撑

姿势：双手握住壶铃把手位置或厚度合适的杠铃片，然后进行正常的俯卧撑练习。

注意事项：深层俯卧撑相比传统俯卧撑的运动幅度更大，因此健身爱好者在练习时一定要注意保证足够的运动幅度，不能使用之前传统俯卧撑时的运动幅度，那样会丧失深层俯卧撑原本优秀的增肌效果。

重量：使用自身体重进行训练即可。

价值：对于手臂较短的健身爱好者而言，在进行卧推类训练时做功距离相对较短，因此胸部所受到的刺激感并没有肱三头肌或三角肌明显。而深层俯卧撑通过加强运动幅度，可以使手臂较短的健身爱好者同样感受到胸部的强烈灼烧感。我们建议大家可以将深层俯卧撑与普通的杠铃或哑铃卧推进行超级组练习，先通过杠铃或哑铃使三角肌以及肱三头肌消耗大量的力量，并且刺激胸部肌肉，再使用力竭法进行深层俯卧撑练习，给予胸部肌群最充分的刺激。

多角度俯卧撑

姿势：我们可以在传统俯卧撑训练的基础上，通过调整身体的高度进行不同角度的俯卧撑练习。比如我们可以选择将双手扶在较高的位置，进行上斜俯卧撑练习，训练的目标主要集中在上胸。我们还可以将双脚抬高，进行下斜俯卧撑练习，训练的目标主要集中在下胸。

注意事项：注意选择合适的高度，不要无限制的抬高双脚或双手，否则训练的目标会逐渐转移到肱三头肌或三角肌，从而丧失对胸部的主要刺激。

重量：使用自身体重进行训练即可。

价值：多角度俯卧撑是比较适合有一定训练经验的女性健身爱好者所使用的动作，它可以与上斜器械卧推或下斜哑铃卧推结合组成超级组训练，这能够解决很多女性健身爱好者在使用超级组训练时容易出现可选择的配重较少的问题。在进行多角度俯卧撑的训练时，我们的目标是使用力竭法在动作姿势保证标准的前提下，每组尽可能完成足够多的次数。

仰卧直杠上拉

姿势：身体平躺在训练椅上，双手握住直杠下降至颈后，利用胸部的力量将杠铃上举至身体正上方，然后进行重复练习。

注意事项：整个动作的核心发力点应当为胸部，而非利用背部或手臂力量进行代偿发力。训练全程保持腿部处于尽量放松的状态，不要利用腿部的力量进行辅助练习。

重量：使用较轻的重量进行练习，较重的重量会容易使手臂肌群更多参与到训练中。

变式动作：我们可以将杠铃继续上举至与大腿接触，然后再回到颈后的初始姿势。这种方法可以在一个动作内将仰卧直杠上拉与杠铃前平举相结合，同时带给胸部肌群以及三角肌前束一定刺激。

价值：仰卧直杠上拉是少有的可以从纵向角度刺激胸部肌肉发展的训练动作之一，它会使你的胸部变得更有立体感。

绳索卧推

姿势：使用绳索替代杠铃或哑铃进行卧推练习。

注意事项：一定要将绳索与训练椅放在合适的位置，不要出现训练椅过于靠近绳索把手的现象，这会使我们胸部的做功距离大幅度缩小，从而丧失绳索卧推的重要价值。

重量：使用相比杠铃或哑铃卧推较轻的重量进行练习。

价值：绳索卧推可以帮助手臂较短的训练者给予胸部肌群相比杠铃或哑铃卧推更强烈的刺激。

第二章 增肌的进阶方法

自重夹胸

姿势：选择两个重量合适的杠铃，双手握住杠铃中间位置，随着杠铃向两侧滚动上半身下降，至最低点后再利用胸肌的力量将身体抬起并使两个杠铃互相靠近，到最大幅度后保持1~2秒的顶峰收缩，然后进行重复练习。

注意事项：这个动作要求健身爱好者必须具备一定的力量基础，否则在进行训练时容易出现因力量不足所导致的杠铃失去控制，使身体受到伤害。

重量：使用自身体重进行训练即可。

价值：自重夹胸可以同时给予胸肌内侧和外侧一定的刺激，这是使用侧身单臂绳索夹胸或传统绳索夹胸所无法达到的。

4 肱二头肌与肱三头肌训练技巧

手臂是几乎每个对增肌训练有需求的健身爱好者都十分关注的区域，高耸的肱二头肌与粗壮的肱三头肌是上肢强壮的重要象征之一。很多健身爱好者都会在日常的训练计划中安排较多的针对手臂肌群的训练动作，以求自己的手臂整体围度以及细节化的分离度都能够变得更加完美。不过在实际训练中，大家却往往都会被手臂围度迟迟无法进步所困扰。尽管肱二头肌与肱三头肌都是相对较容易孤立的肌群，但是依然有许多健身爱好者无法在手臂肌肉的训练上取得真正的突破。

▶ 肱二头肌与肱三头肌训练误区

训练部位较单一

如果你想使你的手臂变得更加强壮，那么在训练时便不能出现训练部位单一的现象。我们能够看到有很多健身爱好者在进行增肌训练时会经常围绕

肱二头肌进行练习，对于肱三头肌的训练往往并不看重。如此一来便会出现舍本逐末的现象，要知道对于手臂的整体围度，肱三头肌所做出的贡献是相比肱二头肌要更多的。如果你的训练计划中肱二头肌的训练量远多于肱三头肌，那自然会影响手臂围度的增长。此外，在具体肌肉的训练上我们同样要注意全面训练的问题，比如有的健身爱好者会忽略肱二头肌长头或肱三头肌长头的练习，这同样是不利于手臂的整体增肌效果。

训练动作选取不当

手臂肌群的孤立训练难度相对较低，我们可以通过很多特殊的固定器械，比如牧师椅便可以带给目标肌群十分强烈的刺激，同时又不会使其他非目标肌群出现代偿发力的现象。但是有许多健身爱好者在手臂肌群训练时会使用杠铃进行练习，比如杠铃弯举或杠铃颈后臂屈伸。在这里我们并不是说杠铃对于手臂增肌的效果不好，而是如果想让你的手臂得到快速并且最充分的生长，固定器械或绳索类训练动作是相对更优秀的选择。当你的训练水平逐步提高后，使用杠铃训练同样可以获得器械训练所带来的肌肉孤立刺激时，你可以再将杠铃类的训练动作加入到整个手臂训练计划中。

训练节奏错误

有的健身爱好者喜欢在增肌训练的全程都保持相对较慢的速度，但这种训练节奏对于肱三头肌和肱二头肌来讲并不是十分有积极作用的，它们都拥有各自独特的训练节奏。肱三头肌在向心阶段可以进行适当慢速的练习，这会使你的肌肉充血感更加强烈。而肱二头肌则应当在离心阶段进行慢速的控制练习，当你在这样一组训练结束后，你的肱二头肌能够达到最强的灼烧感。

训练频率较低

有的健身爱好者喜欢每周只进行一次手臂训练，他们认为将手臂一次性练彻底相比分成两个训练日会有更好的效果。但事实上手臂并不同于背部或胸部等大肌肉群，并不需要接近整整一周的时间进行恢复。通常情况下，我们是可以做到一周进行两个高强度的手臂训练日的。这种方法相比一周一次的手臂训练可以使你的增肌效果更加明显。

肘关节不稳定

在肱二头肌与肱三头肌的大部分训练动作中，我们都需要肘关节全程保持在相对较稳定的状态下。如果肘关节在训练时出现明显的晃动现象，那么便存在极大可能性产生错误的代偿发力，从而降低肱二头肌或肱三头肌原本应受到的刺激强度。我们在手臂肌群训练时，需要全程提醒自己尽可能保持肘关节锁死不乱晃，这是促进肌肉生长的重要先决条件。

▶ 肱二头肌与肱三头肌训练的组数与次数

单一组。在手臂训练时我们可以使用传统的单一组训练方法，每个动作进行4~5组的练习，每组完成12~15次。它可以给予肌肉最充分并且最彻底的刺激，有利于手臂肌肉形态的优化。

超级组。我们建议健身爱好者可以在训练时使用超级组的训练方法，比如将哑铃弯举和绳索弯举相结合进行练习，通过哑铃弯举的方式先消耗肱二头肌大部分力量基础，再使用孤立刺激效果更好的绳索对肌肉进行深层刺激，获取最强的肌肉刺激感受。此外，我们还可以选择将肱二头肌与肱三头肌的动作放在一起进行超级组训练，这可以使整个手臂都获得最强的泵感。不过，超级组对于健身爱好者的力量基础有着极高的要求，如果你的手臂肌群原本就属于相对较薄弱的肌群，那么我们并不建议使用这种方式进行练习。在进行超级组训练时，我们可以每个超级组组合安排4~5组，每组完成12~15次。

金字塔组。金字塔组是超级组的另外一种表现形式，它对于手臂肌群是相对更好的训练方式。我们可以针对肱二头肌哑铃弯举的训练进行金字塔组，使用三个不同的重量进行按照重量递增再递减的练习，随着重量的增加

减少训练的重复次数，当三个重量都完成后才算为一组，总共可以一个动作进行3~4个金字塔组。这种方法可以给予手臂肌群最彻底的刺激，相比传统的两个动作组成的超级组或肱二头肌与肱三头肌的交替训练有更好的效果。不过，这种方式对于健身爱好者自身的训练水平要求极高，除非是非常有经验的健身爱好者，否则我们不建议大家使用这种训练方式。

▶ 肱二头肌与肱三头肌进阶训练动作

哑铃单臂旋转弯举

姿势：使用传统哑铃弯举的姿势进行练习，在哑铃向上举的过程中逐渐旋转小臂并带动大臂微微向外侧转动，达到最大幅度后保持1~2秒的顶峰收缩，然后进行重复练习。

注意事项：我们需要在哑铃向上举起的过程中便开始旋转小臂，当手臂向外侧转动至最大点时哑铃也需同时到达最高处，这样才可以给予肱二头肌最全面的刺激。

重量：使用相比传统哑铃弯举较低的重量进行练习。

价值：如果只是像传统哑铃单臂弯举那样将哑铃简单向上举起的话，那么肱二头肌所受到的刺激便会少了一部分。只有当手臂向外侧转动时，肱二头肌才会更多地参与到训练中。

上斜哑铃弯举

姿势：使用上斜椅进行练习，将座椅倾斜角度调整至45度左右，然后倚靠在上斜椅上进行双侧同时发力的哑铃上斜弯举练习。

注意事项：我们建议大家在练习时将哑铃自然向上举起即可，不用使用外旋手臂的方式进行练习。此外，上斜哑铃弯举较难控制肘关节的位置，健身爱好者在练习时需要注意控制肘关节不要乱晃，以免影响肱二头肌的充血感受。

重量：使用相比传统哑铃弯举较低的重量进行练习。

价值：上斜哑铃弯举相比普通的哑铃弯举可以创造更大的运动幅度，它可以带给肱二头肌相比普通哑铃弯举更加全面的刺激。

全程哑铃弯举

姿势：使用传统哑铃弯举进行练习，将哑铃自然向上举起的同时不用使手臂向外侧转动。当哑铃上举至与肘关节平行时主动向上抬起肘关节，利用肱二头肌长头的力量将哑铃完全举起至最高点，保持1~2秒的顶峰收缩然后进行重复练习。

注意事项：一定要在哑铃上举至与肘关节平行时再向上抬起肘关节，否则过早抬起肘关节的方式会使得肱二头肌的孤立刺激效果较差。此外，在训练时要注意避免使用腰背部晃动借力的方式进行练习。

重量：使用相比传统哑铃弯举较低的重量进行练习。

变式动作：健身爱好者可以使用杠铃进行双侧同时发力的练习。

价值：全程哑铃弯举相比传统的哑铃弯举可以同时刺激肱二头肌的长头

与短头，使训练效率更高，促进肌肉生长效果更好。

高滑轮绳索弯举

姿势：将滑轮调整至高度合适的位置，平躺在训练椅上，保持肘关节不动，然后向下弯举绳索把手进行重复练习。

注意事项：全程一定要保持肘关节的固定不动，高滑轮绳索弯举是较难的肱二头肌训练动作，如果你实在无法掌握正确的训练姿势，那么我们建议可以使用站姿的低滑轮绳索弯举进行替代练习。

重量：使用肌肉充血感最强的重量进行练习。

变式动作：可以使用低滑轮绳索弯举进行替代练习。

价值：高滑轮绳索弯举是孤立效果极强的肱二头肌训练动作，当你平躺在训练椅上时，只要保持肘关节固定不动，那么身体其余部位即使想进行代偿发力也是比较困难的事情。

集中弯举

姿势：坐姿，右侧肘关节抵住右大腿内侧，右手握住哑铃后在肘关节保持不动的前提下进行单臂哑铃集中弯举。当哑铃上举至最大高度时保持1~2秒的顶峰收缩，然后进行重复练习。

注意事项：我们可以在哑铃上举至接近最大高度时向外侧转动前臂，这样可以给予肱二头肌更强的刺激感受。

重量：使用相比传统哑铃弯举较轻的重量进行练习。

价值：集中弯举可以帮助很多健身爱好者解决肘关节不稳定的问题，通过主动将肘关节锁死在大腿内侧的方式，使肱二头肌受到相比传统哑铃弯举更强的刺激。

上斜绳索臂屈伸

姿势：使用上斜椅进行练习，将上斜椅倾斜角度调整到45度左右，坐在训练椅上并双手握住绳索把手进行臂屈伸练习。

注意事项：训练全程一定要保持肘关节夹紧不动，否则背部肌肉会更多参与到训练中，从而降低肱三头肌所受到的刺激强度。

重量：使用相比普通站姿绳索臂屈伸较轻的重量进行练习。

变式动作：也可以使用站姿进行颈后绳索臂屈伸练习。

价值：上斜绳索臂屈伸相比传统的站姿臂屈伸可以最大程度减少腿部的借力，使力量来源更多集中于肱三头肌。此外，上斜绳索臂屈伸相比传统的站姿臂屈伸做功距离更长，对于肱三头肌的刺激也更加全面。

跪姿绳索臂屈伸

姿势：将绳索把手调整至合适高度，跪姿进行绳索臂屈伸的练习。

注意事项：全程保持肘关节夹紧不动，否则会出现明显的代偿发力现象，不利于肱三头肌的生长。此外，训练时一定保持上半身的直立状态，不要通过髋关节或上半身的后移利用腰背部的力量辅助肱三头肌发力。

重量：使用相比普通站姿绳索臂屈伸较轻的重量进行练习。

变式动作：可以使用不同的把手进行跪姿绳索臂屈伸练习。

价值：跪姿绳索臂屈伸相比传统的站姿臂屈伸可以一定程度上减少腿部的借力，使力量来源更多集中于肱三头肌。此外，跪姿绳索臂屈伸相比传统的站姿臂屈伸做功距离稍长，对于肱三头肌的刺激也更加全面。

俯身完全哑铃臂屈伸

姿势：使用传统的俯身单臂哑铃臂屈伸进行练习，当哑铃上举至大臂小臂与地面平行时进行1～2秒的顶峰收缩，接着利用肱三头肌长头的力量将哑铃继续上举至尽可能高的位置，并保持1～2秒的顶峰收缩后进行重复练习。

注意事项：整个训练的全程包含两次顶峰收缩，这可以使肱三头肌受到更加全面的刺激。训练时注意全程保持肘关节夹紧不动，否则会出现明显的代偿发力现象，不利于肱三头肌的生长。为了使肱三头肌有更好的发力感，

我们可以在练习时将手抵在哑铃最上端进行练习。此外，在身体柔韧性允许的前提下，最好将上半身前倾至与地面平行的位置，全程注意保持腰部挺直，避免腿部的屈伸借力。

重量：使用能够给肌肉带来最强充血感的重量进行练习。

价值：相比传统的俯身哑铃臂屈伸而言可以促肱三头肌的长头更多参与到训练中，并且三角肌后束也会在这个动作中得到一定程度的刺激，训练效率更高。

V字把手臂屈伸

姿势：使用V字把手进行绳索臂屈伸训练。

注意事项：全程时刻保持肘关节夹紧不动，否则会出现明显的代偿发力现象，不利于肱三头肌的生长。

重量：使用能够给肌肉带来最强充血感的重量进行练习。

变式动作：使用绳索把手进行替代训练。

价值：V字把手或绳索把手相比普通的直杠对于肘关节的压力更小，有利于在大量肱三头肌针对性训练的同时保持肘关节的健康。

自重臂屈伸

姿势：将杠铃放在深蹲架的合适高度上，双手正握杠铃，上半身前倾，屈肘至颈部低于杠铃位置，然后利用肱三头肌的力量向后并向上推起身体，同时伸直手臂。

注意事项：训练时一定要全程保持腿部伸直，身体被推起的力量来源应当是肱三头肌而不是腿部肌群。如果在训练时腿部出现屈伸的现象，那么便会极大程度上替代肱三头肌进行发力，从而使原本的训练效率降低。

重量：使用自身体重进行训练即可，如果想增加训练难度可以选择在颈部悬挂铁链的方式进行练习。

变式动作：可以悬挂铁链进行负重训练。

价值：自重臂屈伸是在器械严重不足时很好的可以刺激肱三头肌的训练动作，这个动作也可以加入到超级组中，通过徒手力竭的训练方法带给肱三头肌更深层次的刺激。自重臂屈伸与窄距俯卧撑或双杠等偏向肱三头肌的训练动作不同，它不会需要胸部或三角肌释放一定力量，孤立刺激效果更好。

5 强壮三角肌训练法

饱满呈球形的三角肌是每个健身健美爱好者都梦寐以求的完美肌肉形态，同时三角肌也几乎被誉为最难训练的肌肉群之一。甚至有的人称发达的三角肌只有通过药物注入的方式才能够获取的。我们建议健身爱好者应当将注意力主要放在三角肌训练动作本身上，不要去关注过多所谓的药物问题。当你仔细分析自己的训练动作和训练计划后，你便会发现三角肌增长缓慢的原因往往与不使用药物没有明显关联，更直接的原因还是在于健身爱好者自身对动作姿势的把握不当，或在基础的动作选取上存在明显的漏洞。

第二章　增肌的进阶方法

▶ 三角肌训练误区

刺激角度过于单一

三角肌分为前束、中束以及后束三个部位，很多健身爱好者认为只要通过前平举、侧平举以及俯身侧平举三个动作便可以满足三角肌全部的增肌需求。但事实上三角肌的具体划分远不止这三个部位，在三角肌的每一部位中还分为前、中、后三个部位。比如三角肌前束，细分的话你可以将其分为三角肌前束靠外侧、三角肌前束以及三角肌前束靠内侧。在纵向角度上，有时候肩部的训练还需要安排针对三角肌上、中、下三个部位进行练习。比如三角肌前束，细分的话同样可以发现三角肌前束靠上的部位、三角肌以及三角肌前束靠下的部位。

代偿发力明显

很多健身爱好者在进行肩部训练，特别是侧平举类训练时往往会出现身体代偿发力的现象，使用斜方肌或腿部的力量替代原本应受到强烈刺激的三角肌进行练习。这种现象是普遍存在于大部分健身爱好者中的，为了能够尽最大限度避免代偿发力现象的出现，我们建议健身爱好者可以在练习时提前进行一组耸肩的训练，利用预疲劳法的帮助使三角肌受到更强的刺激。

训练容量较小

三角肌是羽状肌，体积虽小但是力量很大，因此在练习时只有使用相对较高次数的重复训练才能够给三角肌带来其所需要的刺激。很多健身爱好者会忌讳在肩部训练时使用较多的次数，他们往往习惯将注意力放在大重量的哑铃推举上，这实际上对于三角肌的增肌效果并没有太大正面作用。在实际训练中，我们建议大家一定要保持肩部训练相对较高的训练容量，这不仅符合羽状肌的增肌需求，同样还可以使整个肩部的训练变得更加高效。

▶ 三角肌训练的组数与次数

单一组。在三角肌训练时我们可以使用传统的单一组训练方法，每个动作进行4~5组的练习，每组完成15次以上。它可以给予肌肉最充分并且最彻底的刺激，有利于手臂肌肉形态的优化。需要注意的是，三角肌是羽状肌，只有在每组使用较高的次数进行练习时肌肉才会更好的生长，因此我们必须确保每组完成15次以上的重复练习。

超级组。我们建议健身爱好者可以在训练时使用超级组的训练方法，比如将哑铃前平举和绳索前平举相结合进行练习，通过哑铃前平举的方式先消耗三角肌前束大部分力量基础，再使用孤立刺激效果更好的绳索对肌肉进行深层刺激，获取最强的肌肉刺激感受。此外，我们还可以选择将三角肌三个部位的动作放在一起进行超级组训练，这可以使整个肩部都获得最强的泵感。不过，超级组对于健身爱好者的力量基础有着极高的要求，如果你的肩部肌群原本就属于相对较薄弱的肌群，那么我们并不建议使用这种方式进行练习。在进行超级组训练时，我们可以每个超级组组合安排4~5组，每组完成15次以上的重复练习。

金字塔组。金字塔组是超级组的另外一种表现形式，它对于肩部肌群是相对更好的训练方式。我们可以在哑铃侧平举训练时使用金字塔组，选择三个不同的重量进行按照重量递增再递减的方式进行练习，随着重量的增加减少训练的重复次数，当三个重量都完成后才算为一组，总共可以一个动作进行3~4个金字塔组。这种方法可以给予肩部肌群最彻底的刺激，相比传统的两个动作组成的超级组或三角肌两个不同区域训练动作所组成的超级组有更好的效果。不过，这种方式对于健身爱好者自身的训练水平要求极高，除非是非常有经验的健身爱好者，否则我们不建议大家使用这种训练方式。

三角肌进阶训练动作

多角度前平举训练

姿势：相比使用将哑铃举至嘴巴左右的位置这种比较常见的前平举，我们在训练时还会使用更多不同角度的前平举训练，比如将哑铃向内侧以及前侧举起，这种方式可以带给三角肌前束靠内侧部位较强的刺激。当然，我们也可以使用稍微向外侧举起的方式，这会有助于三角肌前束靠外侧肌肉的快速生长。

注意事项：训练时全程注意保持胸锁关节夹紧，不要出现明显的乱晃。在进行前平举练习时，一定要确保腿部伸直，不借助腿部以及腰背部的力量进行代偿发力。

重量：使用相对较低的重量进行练习。

变式动作：我们可以使用站姿绳索前平举的方式进行练习，身体背对大飞鸟机，单手握住深厚的绳索器械把手，这种方式可以给予三角肌前束靠下的部位更强的刺激。此外，我们也可以使用将哑铃完全举至头顶的训练方式，这可以确保三角肌前束靠上的部位受到了充分的锻炼。

价值：多角度的前平举训练相比之前固定不变的前平举训练可以带给三

角肌前束更全面的刺激，无论是三角肌前束的前、中、后还是靠上或靠下的区域，都能够感受到强烈的充血效果。

多角度侧平举训练

姿势：相比使用将哑铃举至大臂与地面平行处这种比较常见的侧平举，我们在训练时还会使用更多不同角度的侧平举训练。比如将哑铃向中束靠内侧举起，这种方式可以带给三角肌中束内侧较强的刺激。当然，我们也可以使用向外侧举起的方式，这会有助于三角肌中束靠外侧的训练。

注意事项：训练时全程注意保持胸锁关节夹紧，不要出现明显的乱晃。在进行侧平举练习时，一定要保持腿部伸直，不借助腿部以及腰背部的力量进行代偿发力。

重量：使用相对较低的重量进行练习。

变式动作：我们可以倾斜上半身，将哑铃向倾斜一侧的上方举起哑铃，当哑铃被举起至小臂与地面平行时，训练主要刺激的区域在于三角肌中束靠下的部位。此外，我们还可以采取将哑铃完全上举至头顶的现象，这种方式可以使我们的三角肌中束靠上的部位得到训练。

价值：多角度的侧平举训练相比之前固定不变的侧平举训练可以带给三角肌中束更全面的刺激，无论是三角肌中束的前、中、后还是靠上或靠下的

区域，都能够感受到强烈的充血效果。

多角度俯身侧平举训练

姿势：相比使用俯身将哑铃举至与地面平行这种比较常见的俯身侧平举，我们在训练时还会使用更多不同角度的俯身侧平举训练。比如单臂俯身将哑铃向后方偏内侧举起，这种方式可以给三角肌后束靠内侧区域更强的刺激。当然，我们也可以使用单臂将哑铃向后方偏外侧举起，这种方式可以更集中刺激三角肌后束靠外侧的区域。

注意事项：训练全程保持腰背伸直，不要利用腰部和腿部晃动屈伸的力量进行代偿发力。此外，为了使三角肌后束获得更强的孤立刺激感，我们建议大家可以在训练时尝试使用单臂训练的方式进行练习。

重量：使用相对较低的重量进行练习。

价值：多角度的俯身侧平举训练相比之前固定不变的俯身侧平举训练可以带给三角肌后束更全面的刺激，无论是三角肌后束的前、中、后都能够感受到强烈的充血效果。

俯身上旋哑铃

姿势：上半身前倾至与地面接近平行，腿部微屈，腰背部保持伸直。双手握住哑铃并屈肘上抬手臂，大小臂夹角保持在90度。保持肩关节与肘关节不动，利用三角肌后束的力量上旋小臂并带动哑铃上举，保持1～2秒的顶峰收缩后进行重复练习。

注意事项：训练全程需注意以肘关节和肩关节为支点进行小臂上旋的练习，如果肘关节和肩关节出现明显的前后或上下的晃动，那么三角肌后束所受到的刺激也会相对小许多，不利于肌肉的生长。

重量：使用相比俯身侧平举较低的重量进行练习。

变式动作：可以使用站姿的方式进行练习，将手臂上抬至大臂与地面平行，然后以肘关节和肩关节为支点进行上旋小臂的练习。不过这种姿势相比俯身训练时对三角肌的孤立刺激相对较差。

价值：俯身上旋哑铃可以帮助健身爱好者更好地感受三角肌后束的发力感，特别是对于一部分使用俯身侧平举无法感受到肌肉充血的健身爱好者，俯身上旋哑铃是另外一种可以尝试的好方法。

阿诺德推举

姿势：坐姿，双手反握住哑铃，利用三角肌的力量将哑铃向上推起并同时旋转手臂至正握，然后回到训练初始姿势进行重复练习。

注意事项：手臂需随着哑铃向上举的过程进行旋转，当哑铃上升至最高点手臂几乎完全伸直时，握法也要从最开始的反握变成正握。其次，训练时切忌使用腿部或腰背部的力量进行代偿发力。为了让你的训练更加高效并且保护关节健康，在练习时要注意适当放慢速度，而不要过于快速地旋转手臂。

重量：使用可以使肌肉充血感最强的重量进行练习。

价值：阿诺德推举相比普通的哑铃推举可以刺激三角肌更多的区域，可以起到一个训练动作替代两个单一训练动作的作用，更加符合增肌原理中"低消耗"的原则。

杠铃片旋转训练

姿势：站姿，双手握住杠铃片并向前伸直手臂，模仿开车的姿势进行顺时针和逆时针的杠铃片旋转训练。

注意事项：手臂可以保持适当的弯曲，这同样能够带给三角肌一定的刺

激感受。在训练时尽可能使用带有把手的杠铃片，它会让你的注意力更多集中在三角肌发力上。如果使用没有把手的杠铃片进行练习，那么前臂会预先消耗大量的力量，不利于三角肌的孤立刺激效果。

重量：使用相对较轻的重量进行练习，大重量会使我们不得不后仰身体或屈膝进行训练，这会影响三角肌的训练效果。

价值：杠铃片旋转训练可以同时给三角肌前束以及中束带来一定刺激，训练效率相对其余单一的训练动作更高。并且杠铃片旋转训练对于肱三头肌的力量依赖较小，可以使我们将更多的注意力集中在三角肌的发力上。

顶峰收缩训练

姿势：无论是前平举、侧平举还是俯身侧平举都可以使用顶峰收缩训练。比如当我们使用前平举训练时，我们可以挑选一个合适的重量，然后将哑铃上举至合适的高度并保持顶峰收缩。第一次举起哑铃进行一秒的收缩，然后随着举起哑铃次数的增加同时拉长顶峰收缩的时间，直至完成第十次顶峰收缩时保持十秒的时间。当然，我们也可以选择从十秒的顶峰收缩开始，

进行递减训练直至第十次顶峰收缩时只需保持一秒即可。

注意事项：当我们保持顶峰收缩时，一定要避免身体出现乱晃，并同时保持哑铃处于规定的高度。其次，顶峰收缩训练不仅可以进行递增或递减的训练，同时还可以使用金字塔组的方式，即先递增然后再递减中间没有休息的方式练习。

重量：使用极轻的重量进行练习，否则根本无法完成规定的顶峰收缩时间。

价值：顶峰收缩原本就是十分优秀的加强肌肉灼烧感的训练方法，当我们使用金字塔的超级组训练时，顶峰收缩的效果可以达到最强，相应肌肉所受到的灼烧感也会是前所未有的。不过这种方法对于健身爱好者的力量基础要求极高，如果你的训练水平较低，那么有时即使使用2～3 kg的极轻的哑铃都无法完成规定的训练内容。

"岩石"臀腿训练法

臀部肌群与股四头肌、腘绳肌以及小腿三头肌在人体所有肌肉群中占有最重要的地位，它们无论是从围度、数量还是力量等各个方面都是增肌训练时最重要也是最优先刺激训练的部位。即使你的上肢练得再发达，一旦下肢肌肉无法跟上上肢的发展速度的话，便会出现整个身体形态上的不协调，并且对于膝关节和踝关节的健康都是不利的。有很多健身爱好者"闻腿色变"，一听到要练腿便直呼救命，他们无法勇敢直面强度与容量较高的腿部训练。这会导致原本就稍微薄弱的部位变得更加薄弱，肌肉越无法得到真正的训练，越会出现疲软无力的状态。而至于臀部的训练方法，很多健身爱好者在练习时无法感受到臀部正确的发力感，由此产生臀部训练所刺激的部位转移到股四头肌或腘绳肌等现象。我们在针对臀腿进行练习时，不仅要直面"痛苦"的训练计划，同时更要学会聪明的练习，让目标肌群进行高效的训练，避免在练习时做过多的无用功，这样才能够打造出真正"岩石般"的臀部与腿部肌肉！

▶ 臀腿训练误区

训练容量过低

很多健身爱好者在臀腿训练时最容易走入的误区便是训练整体容量过低，他们习惯在腿部安排3~4个动作，再在臀部安排2~3个动作便结束当日的训练。要知道，臀腿占据了人体所有骨骼肌的半壁江山，你不可能将胸部训练时的训练量用在臀部或腿部训练中，这显然是无法带给目标肌群足够刺激的。臀部和腿部的肌肉较多，我们必须安排较高的训练容量，每组进行较多次数的重复练习才能将目标肌群真正吃透。如果你无法直面臀腿训练所需要的真正容量，只是一味地自欺欺人，不敢面对事实，那么你的肌肉也不会获得真正的提升。

训练重量过大

如果我们的目标是使臀腿肌肉变得更加发达或更加健美，那么我们完全没有必要在训练时使用较大的重量进行低次数的训练，后者是力量举或举重运动员应该完成的任务。对于增肌训练来讲，每组6次以内的重复练习几乎等同于在浪费时间和体力。我们真正应该做的是使用相对较轻的重量，每组完成至少12~15次的对于目标肌群的高强度孤立刺激练习。

孤立动作较少

臀腿训练时孤立动作较少的问题是经常与训练重量过大一起出现的，很多健身爱好者痴迷于大重量的复合训练动作，比如利用深蹲或硬拉针对股四头肌或腘绳肌进行刺激。这种想法并不是完全错误的，毕竟在深蹲和硬拉训练时我们的确需要使用股四头肌以及腘绳肌进行发力。但是，你要清楚的是它们并不是刺激股四头肌以及腘绳肌生长的最佳动作，在深蹲和硬拉中身体其余部位的辅助发力同样是至关重要的。如果你将这两个动作作为增肌训练的核心，那么便会出现臀腿部肌肉增长相对缓慢，但肌肉力量增长较快的现象。因此，多使用孤立效果更好的固定器械进行针对臀腿的增肌训练是相对更好的选择。

训练角度单一

股四头肌或腘绳肌同胸大肌等部位类似，也需要通过不同的角度刺激，否则肌肉的生长便会缺乏立体感。比如在股四头肌的练习时如果不注意通过多角度进行刺激，那么便会出现股内侧肌和股外侧肌发展相对较慢，甚至会出现不均衡的现象。此时我们可以像之前的三角肌或胸部训练时一样，通过对身体姿势的调整达到多角度刺激臀部与腿部肌肉生长的目的。

训练部位单一

如果你想获得真正"岩石般"的臀部与腿部肌肉，那么在训练部位上便不能有任何的漏洞。有很多健身爱好者在进行臀部和腿部训练时会只将注意力集中在股四头肌、腘绳肌以及臀大肌这三个部位，比较忽略对于内收肌、臀中肌、小腿三头肌的训练。这三者同样是臀部与腿部训练中不可忽视的部位，对于共同构造强壮的臀腿肌肉有着不可忽视的作用。

训练节奏错误

这个问题在之前肱二头肌与肱三头肌训练时便已经有过讲解，我们在进行股四头肌与腘绳肌训练时同样需要注意训练节奏的问题。股四头肌适合在向心阶段适当控制训练速度，比如使用顿式发力的方式可以给予股四头肌更强的刺激。而腘绳肌则适合在离心阶段控制训练速度，比如使用慢速离心的方式可以给予腘绳肌更强的刺激。

▶ 臀腿训练的组数与次数

单一组。 我们在进行臀腿训练时可以使用单一组的方式进行练习，比如一个动作进行4~5组，每组完成12~15次。这种方法可以带给臀部与腿部肌肉较强的灼烧感，适合刚接触增肌训练的健身爱好者使用，有利于肌肉前期的快速增长。

超级组。我们可以在臀腿训练时安排超级组进行练习，比如将股四头肌与腘绳肌的不同动作放在一起组合成超级组，这种方法可以使整个大腿受到极强的刺激，是十分高效的腿部肌肉训练法。当然，我们也可以针对一个部位安排两个动作进行超级组练习，比如先使用杠铃深蹲使股四头肌消耗巨大的力量储备，再使用孤立刺激更强的腿屈伸进行局部肌肉的强化刺激，有助于提升较薄弱区域的肌肉质量。超级组是难度较高的训练方法，我们不建议力量基础较薄弱的健身爱好者使用这种方法。

预疲劳法。我们可以使用预疲劳法强化弱势肌群的发力感受，比如在臀部训练前先安排一组强度合适的腘绳肌训练，使后者在臀部的正式训练时不会较多参与到做功中，更加有利于臀部的孤立发力，帮助健身爱好者培养良好的发力感受。

巨型组。巨型组是容量极高的超级组，比如在某个训练动作中使用10组，每组10次，或15组，每组15次这种极高的容量安排。这可以彻底摧毁我们人体中体积最大的两个肌肉群，使目标肌群得到充分的刺激。不过这种训练法难度极大，对于健身爱好者的基础力量要求较高，适合训练经验成熟的人使用。

▶ 臀腿进阶训练动作

GHR

姿势：使用高位下拉器械进行练习，将脚踝固定在挡板上，膝盖跪在坐垫上，前倾上半身并将腿部逐渐伸直至上半身与地面平行，然后利用腘绳肌以及臀大肌的力量将身体重新上举至训练促使姿势，然后进行重复练习。

注意事项：在上举上半身时一定要注意以膝关节和髋关节为支点进行练习，保持膝关节和髋关节不出现明显的后移现象，否则腘绳肌与臀大肌所受

到的刺激将会大幅度减小。GHR是难度极高的训练动作，如果你的力量不足以支撑你完成这个动作，那么可以使用专门的GHR器械进行替代训练。

重量：使用自身体重进行训练即可。

变式动作：使用GHR器械进行训练，相比使用高位下拉的方式可以给踝关节和膝关节更好的位置感，方便我们在训练时尽可能多的募集腘绳肌和臀大肌的力量进行练习。

价值：同时可以给腘绳肌和臀大肌带来较强的刺激，训练效率较高。GHR同时还是很不错的提高硬拉极限重量的辅助训练动作，有助于硬拉极限重量的提升。

离心直腿硬拉

姿势：双手正握杠铃，双脚站距与肩同宽，双腿在腰背部保持伸直的前提下尽可能不要出现过多弯曲现象。利用腘绳肌的力量将杠铃上拉至膝关节、髋关节以及肩关节完全锁定后再进行重复练习。在下降过程中要注意用极慢速的方式进行控制训练，并且不要使杠铃接触地面。

注意事项：在杠铃下降过程中我们可以用3~5秒的时间完成整个离心，这会带给腘绳肌最强的刺激感受。此外，为了使我们在训练时将注意力更多集中在腘绳肌的发力上，我们可以使用助力带进行辅助练习，这能够使我们不用放太多注意力在双手的握力上，有助于目标肌群获得更好的刺激。

重量：使用相比正常直腿硬拉较低的重量进行练习。

变式动作：我们可以站在台子上进行练习，这种方式可以相比正常的离心直腿硬拉带给腘绳肌更大的运动幅度，对肌肉的刺激更彻底。此外，我们可以选择不完全锁定髋关节的方式进行持续训练，这种方法可以极大程度弥补腘绳肌最上方区域的不足。

价值：离心直腿硬拉通过控制离心速度的方式使得腘绳肌获得前所未有的灼烧感。

绳索臀屈伸

姿势：站姿，面向一侧龙门架，双手扶住架子并将器械把手绑在一侧脚踝上，利用臀大肌的力量向后伸直腿部至最高处，保持1~2秒的顶峰收缩然后进行重复练习。

注意事项：训练全程保持腿部微屈，并且大小腿夹角不能在练习时发生任何变化，否则股四头肌会更多参与到训练中，从而影响臀部的孤立刺激感。

重量：使用相对较轻的重量进行练习。

价值：绳索臀屈伸可以帮助我们在没有臀屈伸固定器械时最大程度鼓励刺激臀大肌，并且绳索臀屈伸可以带给臀大肌更大的运动幅度，使训练刺激的肌肉区域扩大。

跪姿深蹲

姿势：跪姿，上半身直立并将杠铃放在斜方肌上，沉髋向下至屁股触碰小腿，然后利用臀部以及腘绳肌的力量上抬身体至训练初始姿势。

注意事项：在训练时一定要跪在较厚的垫子上进行练习，否则膝盖会在多次数的重复练习时受到损伤。此外，我们要求大家在练习时必须保持上半身不会出现明显的前倾或后仰，否则会影响臀部以及腘绳肌的孤立刺激效果。

重量：使用较轻的重量进行练习，大重量容易使我们的脊柱受到损伤。

价值：相比正常的臀大肌以及腘绳肌的训练动作，跪姿深蹲可以从动作本身极大程度削减股四头肌借力的可能性。

窄距深蹲

姿势：站姿，双手握住杠铃并将杠铃放置在斜方肌上，双腿站距比肩略窄，然后进行正常幅度的深蹲练习。

注意事项：我们不建议大家在练习时使用低杠的方式进行深蹲，后者对于股四头肌的募集相对较少，无法满足窄距深蹲希望提升股四头肌的目的。此外，在训练时一定要注意蹲到足够深的幅度，否则股四头肌同样无法受到最强的刺激。

重量：使用较轻的重量进行练习即可，不要因为有深蹲便希望使用较大的重量进行练习，这对于肌肉的生长并无太大意义。

变式动作：我们也可以使用双脚站距更近，甚至两腿相互并拢的方式进行练习。这种方式相比正常的窄距深蹲可以带给股四头肌更强烈的刺激，不过他对于健身爱好者的下肢柔韧性要求极高。柔韧性较差的健身爱好者是无法使用双腿近乎并拢的窄距深蹲进行练习的。

价值：相比普通的杠铃深蹲可以带给股四头肌更集中的刺激感受。

多角度腿屈伸

姿势：使用坐姿腿屈伸器械进行练习，不过在训练时我们要使用多种不同的角度，比如当腿部被上举至大小腿处在一条直线时，我们可以保持3～5秒的顶峰收缩，先将膝关节以及双腿同时向内侧旋转，微微停顿后再同时向外侧旋转。这种方式可以带给股内侧肌以及股外侧肌更强的训练刺激。

注意事项：在双腿进行每一次旋转后，最好都保持1～2秒的顶峰收缩，这可以使股内侧肌或股外侧肌得到最强的刺激感受。

重量：使用相比正常腿屈伸较轻的重量进行练习。

价值：当我们使用这种多角度腿屈伸训练时，我们便存在一个动作轰炸几乎腿部所有肌肉的可能性。试一下多角度的腿屈伸训练，你会收获与之前完全不相同的肌肉感觉。

史密斯腿举

姿势：使用史密斯机进行练习，健身爱好者平躺在史密斯的杠铃下，双脚踩住杠铃，然后利用史密斯的轨迹做垂直腿举的练习。

注意事项：最好找一个朋友帮助你进行练习，相对来讲更加安全。训练全程记得时刻保持腰背部不要完全离开凳子，避免腰背部产生代偿发力的现象。此外,进行史密斯腿举训练时,我们建议大家可以考虑适当佩带护膝进行练习。

重量:使用远比正常腿举小得多的重量进行练习。

变式动作:我们也可以使用相应的固定器械—台式深蹲进行替代练习。

价值:史密斯机腿举与传统腿举之间最大的不同点在于传统腿举是45度的做功方式,而史密斯机腿举则是完全垂直于地面的练习动作。它可以带给股四头肌完全不一样的训练感受

侧卧髋外展

姿势:侧卧在地面上,一侧手臂屈肘并支撑地面,利用臀中肌的力量将另一侧的腿部向上抬起,然后回到训练初始姿势进行重复练习。当一侧训练完成后再进行另一侧的练习。

注意事项:注意训练时保持腿部尽可能伸直,不要出现为了将腿部尽可能举高就使用弯曲腿部的方式,这会影响臀中肌原本应受到的刺激强度。此外,训练时注意使用相对较慢的速度进行练习,如果使用快速的发力方式会导致身体借用惯性力进行训练,无法给予臀中肌最好的训练感觉。

重量:使用自身体重进行训练即可。

变式动作:我们也可以使用站姿的方式进行练习,但是这种方式相比侧卧的方式要稍微简单些。

价值:侧卧髋外展可以帮助我们刺激臀中肌,这对于臀腿整体肌肉的塑造也是十分有帮助的。并且,侧卧髋外展可以帮助那些臀部力量较薄弱的健身爱好者逐步掌握臀部的正确发力方式。

内收/外展

姿势：使用坐姿内收器械和坐姿外展器械进行练习。

注意事项：我们可以将内收和外展放在一起进行超级组练习，这相比单独训练两个动作可以获得更好的肌肉刺激感。此外，在进行训练时一定要注意控制大腿分开的角度，不要出现大腿分开角度远高于自身柔韧性所能承受的范围，这会极大程度影响你的内收肌以及周围韧带的健康。健身爱好者在进行练习时一定要使用合适的角度进行慢速的控制练习。

重量：使用较强的重量进行训练即可。

价值：可以同时刺激内收肌以及臀中肌，并且对于保持髋关节的力量具有较大贡献。

腿举式提踵

姿势：使用腿举器械进行练习，将双脚放在合适的高度，脚跟抬起后进行正常提踵练习。我们可以在挡板被推至最远时进行1~2秒的顶峰收缩，然后再进行重复练习。

注意事项：全程注意放慢速度进行练习，不要使用身体的惯性，否则膝关节会受到较大的伤害。此外，训练时一定要注意避免出现腿部弯曲的现象，这会使大腿发力的比例超过小腿肌肉的贡献。

重量：使用较轻的重量进行练习即可。

价值：腿举式提踵相比普通的站姿提踵容易给予小腿肌群更强的刺激，并且更容易保持身体在训练时的平衡能力。

7 "巧克力"腹肌训练法

腹肌对于整体身材的意义以及美学的价值我想已经无需多言，状似巧克力的立体式腹肌是几乎每个健身爱好者都希望拥有的。并且腹肌作为重要的肌肉群之一，在力量训练以及爆发力训练等不同的训练模式中都会扮演一定重要的角色。因此，我们在进行增肌训练时必须将腹肌的训练放在重要的位置，安排针对性的计划和训练动作刺激腹肌的增长。但是，"巧克力"腹肌并非任何人都可以轻易练就的，这其中有一定的饮食因素在，部分健身爱好者对于饮食几乎不做任何控制，即使训练量或训练强度再高，一旦吃的过于放肆，什么训练都是没有太大意义的。当然，除去饮食的影响外，训练方法不得当也是不容忽视的因素之一。特别是对于部分已经拥有清晰的腹肌形态，但是看上去比较干瘪的健身爱好者更是如此，其训练的方法有失偏颇，因此才出现了整体腹肌缺乏立体感的现象。

▶ 腹肌训练误区

训练强度较低

有的健身爱好者在进行腹肌训练时会出现强度较低的现象，比如做完一组训练后他们会休息很长的时间再开始下一组练习，这样一来便会导致整个训练强度大幅度降低，训练变得异常简单，从而影响肌肉所受到的刺激。腹肌与三角肌或胸大肌一样，也需要高强度的集中轰炸，如果你从不在三角肌训练时出现"练五分钟，歇半小时"的现象，那么在腹肌训练时也要注意时刻保持高强度。我们建议大家每次的腹肌训练最好控制在20分钟以内，这个时间段足够你将腹肌彻底练透，太长时间的拉锯战无论对于哪个区域的肌肉生长都不是很有帮助的。此外，训练时建议大家尽可能多使用力竭组的方法进行练习，特别是当你使用徒手训练动作时，传统单一组的12～20次会显得强度相对较低。

训练频率过密

前面我们也曾提到腹肌同三角肌以及胸大肌类似，因此在日常训练时也要保持合理的训练频率。有的健身爱好者喜欢每日都进行腹肌的训练，这样一来不仅容易出现训练强度较低，从而导致肌肉无法快速生长的现象。更容易出现训练强度相对较高，但健身爱好者自身没有充分的时间进行肌肉的修复与合成，使肌肉长期陷于持续疲劳的状态，影响原本肌肉的发展。我们建议大家理想的训练频率是选择每周进行三次的高强度腹肌训练，对于部分腹肌基础较差的健身爱好者可以先从每周两次的频率开始，循序渐进提高训练频率。

闭气明显

理论上讲，在训练的发力阶段进行闭气是很正常的现象，如果在发力时保持呼吸，便会直接影响力量输出的大小。但是，在腹肌训练时，根据腹肌与呼吸之间的关系，在发力阶段进行正常的呼吸反而会给腹肌带来更强的刺激。我们建议大家在进行徒手的腹肌训练动作时可以尝试全程保持正常呼吸，你会发现腹肌会变得更加紧张。但在进行有负荷的腹肌训练动作时，我们还是建议在发力阶段保持闭气，这对于训练的整体效果会更好。

徒手动作过多

徒手训练是腹肌训练中比较常见的训练方式之一，它可以帮助我们随时随地对腹肌展开轰炸。但是如果你的训练计划中所有腹肌的训练动作都是通过徒手完成的，那么便会有导致腹肌过于干瘪，缺少整体立体感的可能性。我们建议大家可以在练习时安排一些有负荷的训练动作，比如使用杠铃片的转体卷腹或使用绳索的绳索卷腹，这些动作配合徒手训练动作可以使我们的腹部肌肉形态变得更加完美。

训练动作单一

我们要知道腹部是一个由多种肌肉共同组成的肌肉群，除去我们经常训练的腹直肌以外，还有腹外斜肌、腹内斜肌以及腹横肌。即使是对于我们最熟悉的腹直肌，还分为腹直肌靠上以及靠下不同的区域。因此，在训练时我们一定要注意避免产生训练动作较单一的问题，有很多健身爱好者认为使用一个卷腹再加一个转体卷腹便能够练到整个腹肌，这种想法毫无疑问是很天真的。在实际训练中我们也能经常看到有的健身爱好者上腹部肌肉很明显，但是下腹部却一团糟，这往往都是训练动作过于单一所造成的。

代偿发力过多

腹肌训练同样会经常遇到代偿发力的现象，特别是很多错误的发力方式还是很多健身爱好者经常用到的。比如有一些人在练习卷腹时会让训练伙伴帮忙抓住脚踝,这便是很明显的错误发力方式!当你的脚踝被抓住或被固定在某个器械时,你的股直肌与髋关节周围的肌群会更多参与到训练中,原本针对腹肌的孤立刺激动作会转变为练习屈髋力量的动作,与我们之前的训练目标大相径庭。因此,在练习时如何规避借力的问题也是我们需要时刻注意的。

腹肌训练的组数与次数

单一组。这种方式比较适合使用负荷或器械的腹肌训练动作,我们可以每个动作进行3~4组,每组完成15~20次。这种方法不仅能够对腹部的肌肉带来强烈的刺激,同时也可以提高腹肌的肌肉力量。

超级组。在腹肌训练时我们同样可以使用超级组进行练习,这种方式比较适合两个徒手的训练动作相结合,具体的安排方式有两种:第一种是使用针对同一个部位的两个不同动作进行超级组的组合练习。比如我们的目标肌群是腹直肌,那么我们可以在进行卷腹练习后立刻开始悬垂举腿的训练,这能够使我们整个腹直肌都受到强烈的刺激。第二种是使用两个不同部位的动作进行超级组的组合练习,比如将卷腹与转体卷腹相结合,这种方式可以使整个腹部肌群都得到强烈的刺激,整体训练效率相对更高。在具体的组数与次数上,我们建议大家最好使用3~4组,每组完成力竭次数,以带给目标肌群最强烈的灼烧感。

腹肌进阶训练动作

完全卷腹

姿势:平躺在地上,双手握住耳朵两侧,双腿微屈并双脚着地。利用腹直肌上部的力量将上半身抬起至肩胛骨离开地面,同时利用腹直肌下部的力量将双腿上屈至最大幅度,保持腰部全程紧贴地面。当上半身以及双腿运动

到最大幅度后保持1~2秒的顶峰收缩，然后进行重复练习。

注意事项：全程切记保持腰部紧贴地面，否则会对腰椎造成一定损伤。训练时我们全程保持正常的呼吸，以加深对腹直肌的刺激。此外，在上举腿部时需注意保持大小腿之间夹角不变，否则腿部力量会更多参与到训练中。

重量：使用自身体重进行训练即可。

变式动作：我们可以将双手向后伸直进行练习，这种方式训练难度最高。我们也可以将双手交叉放在胸前，训练难度相对适中。而将双手自然放于身体两侧是最简单的姿势，适合腹部基础较薄弱的健身爱好者使用。

价值：完全卷腹几乎等同于普通卷腹以及仰卧举腿的组合训练，它可以同时带给腹直肌上部以及下部强烈的刺激，训练效率更高，对肌肉的锻炼效果更强。

站姿哑铃转体

姿势：站姿，双脚分开与肩同宽，双手正握两个哑铃，利用腹斜肌的力量将哑铃从身体的一侧向上转至另外一侧，然后再回到训练初始姿势进行重复练习。

注意事项：全程尽量避免背部肌群以及手臂肌群过多参与到训练中，腹斜肌应为动作最主要的发力来源。此外，在训练中切忌使用髋关节的力量进行练习，哑铃被向斜上方举起是因为腹斜肌发力的缘故，而非是通过髋关节的力量完成。

重量：使用较轻的重量进行练习，否则训练目标会更多集中在手臂以及背部肌群。

变式动作：如果你使用哑铃无法感受到腹斜肌的强烈刺激效果，那么我们建议你可以使用杠铃片进行替代练习。选择有把手的杠铃片，双手握住然后进行转体练习。

价值：站姿哑铃转体相比传统的杠铃放在颈部的站姿转体训练会给予腹斜肌更好的刺激效果，站姿转体训练很容易在练习的过程中使健身爱好者不自觉的调动髋关节的力量参与做功。此外，站姿哑铃转体相比无负重的转体卷腹可以使腹斜肌的立体感更强，有助于我们整体腹部更加美观。

绳索卷腹

姿势：跪姿，将绳索把手调整至合适的高度，并将把手放在颈后向下卷腹进行练习。

注意事项：在训练全程注意保持髋关节不要出现前后的移动，否则髋关节所受到的刺激要远远超过腹部肌群所受到的刺激，进而丧失绳索卷腹原本的训练意义。

重量：使用较轻的重量进行练习，否则训练时会不自觉地借助髋关节的力量进行代偿发力。

变式动作：如果使用绳索卷腹无法获得十分强烈的肌肉灼烧感，那么我们建议你可以使用器械卷腹进行替代练习。

价值：绳索卷腹可以给腹直肌带来更安全的强度刺激，相比传统的使用杠铃片负重的方式进行负重卷腹而言，绳索卷腹的安全性更高，并且对肌肉的刺激也更加精准。

仰卧体侧屈

姿势：仰卧平躺在地面上，双腿微屈至合适的高度，利用左侧腹斜肌的力量向左侧弯曲上半身，使左手尽可能触碰脚踝，全程注意不要抬起左侧上半身。完成一次练习后交替换到右侧进行练习。

注意事项：避免上半身在练习时抬起，同时双腿也不要向身体一侧后撤，后者会较大程度降低训练的难度。

重量：使用自身体重进行训练即可。

价值：相比传统的自重转体卷腹可以使腹斜肌更容易感受到强烈的灼烧感，有利于对腹斜肌发力感知较差的健身爱好者进行替代训练。

悬垂卷腹

姿势：双手握住单杠，双腿并拢并屈膝至大小腿夹角为90度，上举大腿

至与地面平行,然后利用下腹部的力量将腿部尽量向上半身靠拢,当幅度达到最大限度后保持1~2秒的顶峰收缩,然后进行重复练习。

注意事项:一定要将大腿上举至与地面平行处再开始利用下腹部的力量进行练习,同样在每做完一次重复练习后,我们只需将大腿下降至与地面平行即可,无需将腿部下放至完全伸直的状态。此外,在训练时尽可能保持腰背部不要弯曲或弓起,否则腰背部会较大程度参与到悬垂卷腹的训练中,进而影响下腹部的训练效果。

重量:使用自身体重进行训练即可。

变式动作:我们可以使用双腿伸直的方式进行练习,这种方法相比屈腿的方式可以带给下腹部更强的刺激。

价值:悬垂卷腹是很好的下腹部训练动作,但是有的健身爱好者在练习时会出现错误的发力姿势,比如在腿部与地面垂直时便用力向上举起腿部,这种姿势会使我们的屈髋肌群更多地参与到训练中,影响下腹部的训练效果。

第三章 力量增长的高级技巧

力量水平是体能训练中十分重要的一项身体素质表现，力量的高低会直接影响到我们在体能训练中以及竞技运动中的表现。特别是对于那些有直接身体对抗，或对力量高低需求较强的运动项目，较高的力量水平是你在赛场上纵横睥睨的关键。力量训练绝对不是只有参加举重或力量举比赛的爱好者才需要练习的，它是每一个体能健身爱好者都不应当错过的训练模式。力量训练对于其他不同的训练模式也会有辅助提高的作用，比如它可以通过使肌肉训练时每组使用的重量相比之前更大的方式来促进肌肉的快速生长。比如它还可以为你在爆发力训练时提供更多的力量基础，使你的爆发力变得更加强大。比如它还可以帮你增加肌肉的力量耐力，使你在耐力训练中同样有着不错的发挥。

提升力量水平，特别是深蹲、卧推以及硬拉三大项的专项成绩是每个健身爱好者都应当关注的。这并非是要求大家进入力量举的训练模式，如果你不是力量举爱好者，只是单纯为了体能训练获取更多的力量基础，那么你完全

没有必要按照力量举的规则进行练习。比如在卧推训练时你没有必要选择将杠铃在胸口完全挺稳，你只需要触胸后立即向上推起杠铃即可。或者在深蹲时你同样没有必要完全蹲到最深处，只需要确保髋关节低于膝关节即可，并且在有的竞技运动中，你只需要将大腿蹲至与地面平行即可。当然在硬拉训练时你也没有必要必须使用相扑拉的姿势进行练习，传统拉是足够帮助你力量增长的姿势。

尽管训练模式和动作姿势不需要完全照搬力量举或举重的要求，但是我们可以适当参考力量举或举重训练的思路，作为两个对极限力量水平有重要需求的运动项目，其所针对的训练计划对于提高我们的力量水平是十分有帮助的。健身爱好者完全可以在日常的力量训练中借鉴力量举的训练方式，有助于力量的快速增长。当我们弄清楚专项力量增长的原理以及技巧动作之后，我们便可以根据自身的优点和不足进行针对性的训练，从而获得力量水平的最大化增长。

1 专项力量增长原理

在《体能增长与健身训练》中我们便曾提及，高水平的力量成绩是离不开肌肉基础以及神经募集能力的。众所周知，人体的力量来源便是肌肉，当你的肌肉量越多、肌肉质量越高时你的力量成绩的理论数值也就越大。之所以这里我们提到理论数值，是因为你必须在同时拥有极强的神经募集能力，可以将大量身体内的相关肌肉同时募集起来进行练习，这样才可以做到真正的成绩突破。肌肉基础与神经募集能力是密不可分的，我们需要在平时的训练中先打下扎实的肌肉基础，提高肌肉质量，然后再通过合适的专项训练进行针对性的补强练习，使身体和神经逐渐牢记正确的发力模式。此外，我们也可以适当学习一下特殊的力量增长技巧，这对于力量水平更上层楼是十分有帮助的。

▶ 扎实的肌肉基础

肌肉对于力量的增长是不可或缺的重要基础，我们在进行深蹲、卧推以及硬拉时力量的主要来源是肌肉而非骨骼或韧带或身体其他部位，肌肉力量越高，我们的专项成绩的上限也就越高。因此我们必须对专项动作所需要大量使用的肌肉群进行针对性的训练，使肌肉质量不断提高。这种以提升肌肉为目标，进而获得力量增长的训练模式被称为肌肉辅助训练。在进行肌肉辅助训练时，我们应当注意的主要有以下两点：

首先，你必须清楚训练的核心在于提升肌肉质量，因此没有必要在肌肉辅助训练时使用过大的重量，我们的目的始终是要让肌肉获得最强的充血感受。切记，专项动作才是真正提高力量的训练方式，肌肉辅助训练只是帮助你获取肌肉，打牢力量基础。很多健身爱好者在力量训练时会出现本末倒置的现象，他们在专项训练时会使用较高的重复次数进行所谓的"容量训练"，反而在肌肉辅助训练时使用较大重量进行"力量训练"，这种方式是显然不利于力量增长的。

其次，你必须清楚深蹲、卧推以及硬拉所使用的肌肉群主要有哪些，特别是不同动作中肌肉群发力的重要性。我们需要将训练重心放到真正起重要作用的肌肉群上，按照重要性高低进行排序练习。试想一下，深蹲中股四头肌的发力是永远优先于腘绳肌或臀大肌的，如果在练习时你将过多的训练重心放在腘绳肌或臀大肌的训练上，那么显然会不利于深蹲成绩的增长。除非你属于股四头肌异常发达，但是腘绳肌极差的健身爱好者，这种情况是极其罕见的现象。因此，我们必须将真正起重要作用的肌肉群放到肌肉辅助训练的优先位上。当然，在开始真正的训练前，我们必须弄清楚三大项动作所真正需要的肌肉群有哪些？在很多健身爱好者的训练理解中，他们的深蹲、卧推和硬拉训练都在使用相对错误的肌肉群进行练习，这也导致其无法掌握最正确的发力模式，从而影响力量的极限成绩。

深蹲所需要的肌肉

深蹲根据杠位的不同可以分为低杠深蹲和高杠深蹲两大常见的姿势，不同杠位所使用的肌肉群虽然没有太大本质区别，但是在不同肌肉群力量的需求程度上却有着明显的不同。此外，带套膝与带绑膝两种不同护具所对应的深蹲，需要的肌肉群发力比例也有不同，这也是每个健身爱好者都应当注意的。

高杠深蹲使用的肌肉群

股四头肌。股四头肌是所有深蹲姿势中发力最大的肌肉群，无论是否使用低杠深蹲，都不会出现股四头肌不是发力最核心的现象。归根结底还是因为深蹲是一个以膝关节屈伸为主的动作，所以股四头肌永远是发力的核心。在进行股四头肌的肌肉辅助训练时，我们可以选择固定的腿屈伸器械进行练习，也可以使用腿举的方式，后者相比深蹲可以使用的重量更大，但是在练习时一定要把握好深蹲与腿举之间的训练量与训练强度，避免出现膝关节的不适感。

腘绳肌。腘绳肌在高杠深蹲中同样发挥着一定作用，它可以在一定程度上控制我们下蹲的速度，使健身爱好者在蹲起前更好地集中力量。在进行腘绳肌的肌肉辅助训练时，我们可以使用慢速离心的腿弯举训练，可以给予腘绳肌极强的刺激效果。

臀大肌。高杠深蹲时我们的幅度相比低杠深蹲时要深一些，这意味着臀大肌必须具备一定的力量基础，否则便很难在蹲起时为身体提供较强的爆发力。在进行臀大肌的肌肉辅助训练时，我们建议使用臀屈伸这类相对固定的训练器械，可以避免髋关节出现不适感。

内收/外展肌群。负责大腿内收和外展的内收肌以及臀中肌等外展肌群是高杠深蹲中同样不可忽视的部位，它们有助于避免膝关节在深蹲时出现内扣的现象，可以使髋关节与膝关节周围肌群释放的力量更加统一，有助于力量的提高。在进行内收肌群和外展肌群的肌肉辅助训练时，我们建议使用内收/

外展训练器进行练习。

上背部肌群。上背部肌群在高杠深蹲时对于维持胸部以及上背部不出现塌陷，避免上半身前倾导致深蹲失败有重要意义。高杠深蹲时我们的上半身相对直立，因此一旦有明显的前倾现象，便有可能导致深蹲试举失败。上背肌群的价值便是使我们尽可能保持胸部挺起，上背充分紧张。在进行上背部的肌肉辅助训练时，我们建议大家可以同时安排肘关节打开和肘关节向后水平伸的训练动作，比如面拉、高位下拉以及俯身杠铃划船都是很好的训练动作。

核心肌群。核心肌群在高杠深蹲时对于保持腰部以及下背部的稳定有重要作用，这可以避免我们的腰背部在深蹲时受到不必要的损伤。在进行核心肌群的肌肉辅助训练时，我们建议大家尽量安排相对强度较低的训练动作，比如使一些徒手类的腹部训练动作或徒手的罗马椅挺身、轻重量的早安式都是不错的选择。如果在核心肌群训练时使用较大的重量，容易导致我们的腰部进入过度疲劳状态，不利于深蹲成绩的提高。

低杠深蹲使用的肌肉群

股四头肌。股四头肌在低杠深蹲时虽然依旧是发力核心，但是其释放的力量相对高杠深蹲时要低一些，因此我们在进行股四头肌的肌肉辅助训练时不用安排像之前高杠深蹲时大量的训练动作。我们建议健身爱好者可以选择腿举进行辅助练习，它相比腿屈伸等单一的训练动作可以在给予股四头肌刺激的基础上，带给腘绳肌一定强度的训练效果，更加符合低杠深蹲时的发力模式。并且腿举可以使用相对较宽的站距，这种方式对模仿低杠深蹲时很多健身爱好者习惯使用的宽站距深蹲有一定价值。

后侧链肌群。腘绳肌、臀大肌以及上背部肌群在低杠深蹲时共同组成了后侧链肌群，后侧链的力量对于低杠深蹲时髋关节的大量运动以及维持上半身保持在最佳前倾幅度有重要价值。我们在进行后侧链肌群的肌肉辅助训练时可以选择相对功能较多的训练动作，不要使用之前相对较单一的训练动作。比如我们可以使用幅度相对更大的全程杠铃划船，将杠铃下降至小腿中部，这可以使腘绳肌、臀大肌以及背部都受到强烈的刺激。比如我们可以使用臀桥替代臀屈伸，前者相比后者可以给予腘绳肌更强的刺激，同时使用相对较大的重量进行练习。

内收/外展肌群。低杠深蹲时我们会经常使用相对较宽的站距，这种方式对于内收和外展肌群的需求度是极高的。在进行内收和外展肌群的肌肉辅助训练时，我们同样还可以采取之前使用的内收和外展训练器，但是要适当增加训练频率，比如之前一周只进行一次练习，在宽站距低杠深蹲训练时可以根据自身的感受适当增加到两次或三次。

核心肌群。低杠深蹲对于后侧链肌群的需求程度极高，在一定程度上会给腰背部带来一定的压力和疲劳感。此时我们不建议大家再使用负重的方式进行核心肌群的训练，你可以选择2~3个徒手的腹部训练动作或平板支撑来保持核心肌群的肌肉质量。除非你的训练水平较低，肌肉基础过于薄弱，否则不建议此时再使用较多的早安式等负重练习。

套膝与绑膝深蹲使用肌肉群的不同

股四头肌。当我们使用套膝进行深蹲时，因为套膝并没有太大的弹性或助力效果，我们必须通过股四头肌的巨大力量才能够完成深蹲试举。但是当我们使用绑膝进行深蹲时，因为绑膝具备一定的弹性或助力效果，我们的股四头肌并不需要释放特别大的力量便能完成试举。其次，使用不同材质的绑膝，对于股四头肌力量的具体释放也存在差异。比如弹性相对较大的绑膝，在深蹲的最底部会给予健身爱好者较强的弹性以及助推力，这意味着你的股四头肌力量释放需要集中在深蹲的中程和后半程。这意味着在平时的肌肉辅助训练时，我们需要使用屈膝幅度相对较小的方式进行腿举练习。

后侧链肌群。绑膝相比套膝可以使我们在下蹲的过程中更稳，给予后侧链肌群一定的辅助作用。特别是对于那些材质极硬的绑膝，当你在进行深蹲时你会感觉到仿佛有两只手一直在下面撑着你的大腿后侧，帮助你平稳地下蹲。这意味着在训练时我们可以适当减少一点针对腘绳肌和臀大肌的训练，毕竟绑膝已经帮你分担了一部分力量。但是，我们却要针对上背部安排相对

较多的训练动作，毕竟绑膝辅助的只是在腘绳肌和臀大肌上，你的上背部必须变得更加强壮，这才能够使你撑得住相比之前更大的重量，避免出现上半身前倾过多的现象。

卧推所需要的肌肉

卧推与深蹲类似，尽管不同握距所使用的肌肉群没有本质的区别，但是不同握距所对应的肌肉群发力比例是完全不同的，这意味着健身爱好者在进行练习时必须做出相应的调整和针对性的训练部署。其次，卧推中是否起桥或者是否像力量举比赛规则那样需要进行停顿卧推也会对肌肉发力的比例有不同的需求，这也是健身爱好者所必须要了解的。

宽握距使用的肌肉群

胸部肌群。当我们使用较宽握距时，胸部外侧肌群所需要释放的力量更大，我们在进行胸部的肌肉辅助训练时可以适当安排一些针对胸部外侧的练习，比如使用哑铃进行仰卧飞鸟或使用绳索进行夹胸等都是不错的选择。在训练时要注意循序渐进增长所使用的负荷，否则容易出现胸部外侧肌肉的损伤。

三角肌。当我们使用较宽握距时，三角肌前束会处于相对较弱的发力状态，此时我们必须要针对三角肌前束进行大量的针对性练习，否则便会出现卧推前半程极其困难的现象。我们在进行三角肌的肌肉辅助训练时可以安排相对较孤立的训练动作，比如使用哑铃进行前平举，或者安排针对三角肌前束的复合训练动作，比如使用杠铃进行推举练习。

肱三头肌。当我们使用较宽握距时，因为做功距离缩短的关系，所以肱三头肌的发力比例相对较低。我们在进行肱三头肌的肌肉辅助训练时可以安排孤立的训练动作，比如使用绳索进行臂屈伸的练习。

上背部肌群。上背部肌群在卧推时起着重要作用，它可以使你的肩背更加稳定，有利于加速卧推前半程杠铃推起的速度。当我们使用较宽握距时，我们会相对较难收紧上背部，此时你需要一定量的上背部肌肉辅助训练动作，比如使用面拉或高位下拉的方式进行练习。

腕部肌群。腕部肌群是卧推中同样不可忽视的部位，它有助于我们在卧推全程保持手臂的紧张和平稳，不会出现明显的手臂或手肘的抖动。我们在进行腕部肌群的肌肉辅助训练时可以安排正握杠铃弯举或者腕屈伸的方式进行练习。

下肢肌群。如果你需要使用腿部驱动，那么我们在平时的练习中可以多使用较轻的重量进行速度卧推的练习，帮助自己尽快找到腿部驱动的发力感，并不需要在卧推时进行单独的下肢肌群的辅助训练。

窄握距使用的肌肉群

胸部肌群。当我们使用较窄的握距进行卧推时，胸部内侧肌群所释放的力量要相对更多，我们在进行胸部肌群的肌肉辅助训练时可以安排针对胸部内侧的训练动作，比如使用侧身进行单臂绳索夹胸的方式强化胸肌内侧。

三角肌。当我们使用较窄的握距时，三角肌处于较容易发力的姿势下，我们在进行三角肌的肌肉辅助训练时可以安排针对前束的孤立训练动作，比如使用哑铃的前平举练习。

肱三头肌。当我们使用较窄的握距时，整体做功距离相对更长，导致肱三头肌需要释放更多的力量，因此我们在进行肱三头肌的肌肉辅助训练时需要安排大量的针对性训练动作，比如孤立的绳索臂屈伸或相对复合性较高，可以使用较大重量的窄距卧推或半程卧推。

上背部肌群。当我们使用较窄的握距时，上背部处于相对较容易收紧的位置，我们可以使用面拉或高位下拉的方式进行辅助练习，使上背变得更加强壮。

腕部肌群。腕部肌群是卧推中同样不可忽视的部位，它有助于我们在卧推全程保持手臂的紧张和平稳，不会出现明显的手臂或手肘的抖动。我们在进行腕部肌群的肌肉辅助训练时可以安排正握杠铃弯举或者腕屈伸的方式进行练习。

下肢肌群。如果你需要使用腿部驱动，那么我们在平时的练习中可以多使用较轻的重量进行速度卧推的练习，帮助自己尽快找到腿部驱动的发力感,并不需要在卧推时进行单独的下肢肌群的辅助训练。

正常握距使用的肌肉群

当我们使用相对较正常的握距时,可以根据自身身体结构的特点和肌肉的强壮程度进行针对性较强的肌肉辅助训练。比如对于手臂相对较短的健身爱好者,他们的做功距离较短,只要三角肌前束的力量足够,那么完成卧推试举并不是难事,因此在日常的肌肉辅助训练时需要加强对三角肌前束的训练。而对于手臂较长的健身爱好者,它们的做功距离较长,必须对肱三头肌进行强化练习,否则会出现锁定极其困难的现象。

起桥使用的肌肉群

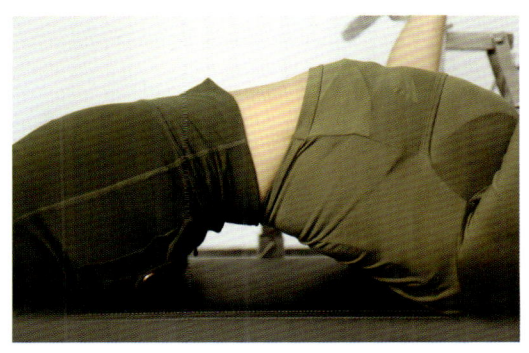

当我们使用起桥卧推时,为了最大程度缩短卧推做功距离,往往会选择使用宽握距的方式进行配合练习。此时我们所使用的肌肉群与之前宽握距卧推时几乎一样,我们同样需要注意对胸部外侧肌肉、三角肌前束以及上背部肌群的辅助训练。唯一不同之处在于下肢肌群的运用上,有的健身爱好者为了追求最大的起桥高度和桥的平稳程度,往往会在起桥卧推时不使用腿驱动的方式进行发力,这也导致了下肢肌群在起桥时发力比例大幅度减小。

力量举规则使用的肌肉群

力量举规则下的卧推是必须要在胸部完全挺稳杠铃的,只要你的杠铃还有一丝的晃动,那么裁判就不会给你推起的口令。这样一来使得健身爱好者的三角肌前束排在了最重要的地位,没有三角肌前束的帮助你是不可能在杠铃完全停稳,没有任何初速度的前提下推起杠铃的。因此我们必须安排大量的三角肌前束的针对性训练,这是当我们使用力量举规则进行卧推时所需要注意的首要问题。其次，杠铃是否停稳会决定着裁判喊推起口令的快慢，因此所有帮助杠铃尽快停稳的肌肉群也是我们必须要关注的训练目标。比如上背部的肌群，这是我们收紧肩背并且使杠铃平稳落在胸部的最重要的部位之一，你必须使用大量的面拉、小臂外旋等训练动作来充分刺激上背部的肌肉，使其变得更加强壮。越发达的上背部对于我们快速下降杠铃，以及卧推启动阶段是否可以快速将杠铃推离胸口都有至关重要的帮助。此外，卧推中腕关节的肌肉也是不可忽视的部位，特别是当你使用力量举规则进行卧推时，强壮的腕部肌肉可以避免出现杠铃下降时手臂出现明显的晃动，这也会有助于杠铃快速稳定的停在胸口。

硬拉所需要的肌肉

在硬拉中我们同样会使用传统硬拉或相扑硬拉两种不同的方式进行练习，无论是传统硬拉还是相扑硬拉，其对于肌肉的整体需求程度是没有太大区分的，唯一的区别在于针对不同区域肌肉的发力比例有较大的不同。

传统硬拉使用的肌肉群

腘绳肌。 腘绳肌是传统硬拉中最核心的发力部位，它的力量大小与发达程度直接决定了我们传统硬拉成绩的高低。在进行腘绳肌的肌肉辅助训练时我们建议健身爱好者可以使用直腿硬拉和各种角度的腿弯举进行练习，只有将腘绳肌彻底轰炸到位，你的硬拉成绩才会有产生质变的可能性。

臀大肌。 在传统硬拉中，臀大肌是相对第二重要的发力肌群，在杠铃达到膝盖时臀部力量的大小直接决定了我们锁定杠铃的难易程度。为了使锁定更加简单，我们建议健身爱好者在进行臀大肌的肌肉辅助训练时可以安排臀桥或臀屈伸等训练动作，如果硬拉的训练量较高，那么也可以放弃臀桥的训练，避免给腰部造成较强的疲劳感。

股四头肌。 在传统硬拉中，股四头肌虽不是最主要的发力肌群，但是其力量的大小对于杠铃是否可以尽快离开地面同样有一定价值。你的硬拉不应当依靠股四头肌，但却不能没有股四头肌的帮助。在进行股四头肌的肌肉辅

助训练时，我们建议大家使用腿屈伸等固定器械的方式刺激股四头肌。

上背部肌群。上背部肌群是硬拉中十分重要的肌群之一，当上背部力量不足时，我们很容易出现上背弓起的现象，这会直接大幅度加大我们硬拉时锁定髋关节以及肩关节的难度。我们需要针对上背部肌群安排大量具有针对性的肌肉辅助训练，比如使用杠铃耸肩、全程的杠铃划船、没有胸部支撑的T杠划船或宽拉等训练动作。有胸部支撑的器械T杠划船或半程的杠铃划船对于硬拉所需的上背部肌群都没有太大的实际价值，在硬拉时你的胸部是不可能有任何支撑的，并且杠铃也绝对不是从小腿中部才开始进行练习的。

内收/外展肌群。内收以及外展肌群对于保持硬拉时膝关节与髋关节的正常位置，避免出现膝内扣的现象有较大帮助。我们在进行相关肌肉辅助训练时可以使用内收和外展训练器的方式进行练习。

核心肌群。传统硬拉时核心肌群会起到较强保护脊柱健康的作用，但是这个保护作用并非万能的，你必须确保脊柱在正常的姿势下，不会出现大幅度弓起或超伸等不正常的姿势。我们在进行核心肌群的肌肉辅助训练时可以使用徒手类训练动作，通过力竭法使核心肌群保持较强的运动状态。

手臂肌群。虽然手臂并不是硬拉中主动发力的主要肌群，但是握力是我们不能忽视的重要力量素质之一。我们建议大家在练习时可以使用握力器或单手抓握杠铃片的方式进行针对握力的训练。

相扑硬拉使用的肌肉群

臀大肌。臀大肌是相扑硬拉中最主要的发力肌群，臀部力量的强弱几乎直接决定着相扑硬拉成绩的高低。相比传统硬拉时针对臀部的肌肉辅助训练，我们在相扑硬拉中需要同时安排刺激较孤立的臀屈伸训练，以及重量较大的臀桥训练，使臀部受到最充分的刺激。

腘绳肌。腘绳肌是相扑硬拉中主要的发力肌群之一，我们在进行腘绳肌的肌肉辅助训练时可以主要以单一的腿弯举训练为主。如果在训练时同时安排直腿硬拉练习，那么容易使腰部出现一定程度的疲劳感，不利于相扑硬拉成绩的增长。

股四头肌。相扑硬拉时我们双脚间站距较宽,因此在这种姿势下股四头肌所能够使用的力量较小。对于一些股四头肌原本较差的健身爱好者而言,在相扑硬拉训练时需要安排一定的站距较宽的股四头肌训练,让股四头肌逐渐适应在宽站距情况下的发力感。

上背部肌群。上背部肌群是无论在哪种硬拉姿势中都十分重要的肌群,因为相扑硬拉相比传统硬拉上半身更加直立的关系,我们上背部肌群相对靠上的部位是相扑硬拉时主要训练的区域。我们可以安排一些针对性的高位下拉、杠铃耸肩以及哑铃的单臂划船练习,使上背部相对靠上的部位可以获得更好的提高。

内收/外展肌群。内收和外展肌群是相扑硬拉中比较容易被大家忽视的部位,它们对于保持健身爱好者在宽站距时膝关节与脚尖发力保持在一条直线具有重要作用,一旦你的膝关节与脚尖发力方向不一致,便会出现力量不集中的现象,影响最终的硬拉成绩。我们可以在使用内收和外展训练器进行练习的基础上,根据自身的恢复速度,每周适当增加1~2次训练。

核心肌群。相扑硬拉中上半身相对较竖直,因此核心肌群在相扑硬拉中并不是特别重要的肌群之一。我们可以在日常进行一些轻量的核心肌群训练即可。

手臂肌群。为了最大幅度缩短做功距离,有的健身爱好者习惯在相扑硬拉时使用锁握的方式。这种方式因为独特的握法,对于健身爱好者的握力要求并没有普通的双手正握或正反握那么高。但为了更好地提高相扑硬拉的成绩,我们还是建议健身爱好者在平时使用握力器或抓握杠铃片的方式进行练习。

▶ 正确的发力模式

如果你想提高三大项的极限力量成绩,仅有强大的肌肉基础是远远不够的,你必须学会能够让自己募集尽可能多肌肉的方法,让自己的动作发力模式符合最省力、最聪明的特点。这也揭示了为何肌肉质量相比力量举或举重运动员更强大的健美运动员无法拥有最强力量的原因，他们在长期训练中所培养的发力模式并非是能够让你释放最大力量的模式。在实际的健身训练中，我们能够看到有很多健身爱好者在使用错误的发力模式，这其中跟道听途说的错误训练观念有关，也跟自己长期的错误训练习惯有关。不过，无论是因为什么原因所造成的错误的发力模式，都是我们必须及时修改的，只有将发力模式最优化，我们的力量才能获得真正的提高。有许多健身爱好者耦合正是因为发力模式的修改，在肌肉质量并没有太大提高的情况下，依旧获得了成绩的大幅度进步。

在培养正确的发力模式前，你必须先明白每个动作都是由不同阶段构成的，比如深蹲是包含出杠、下蹲、启动阶段、中半程以及后半程五个不同的阶段。当杠铃运动到不同阶段时，我们的发力模式也是完全不同的。例如在下蹲阶段时如何使用腘绳肌控制杠铃进行平稳下蹲是很重要的，如果你使用臀大肌来控制，产生错误的发力模式，那么显然是不利于深蹲成绩提高的。弄清楚不同阶段正确的发力模式是很重要的一环，只有如此你才能够更聪明地使用你的力量，提高神经的募集能力。如果你连发力模式都弄不清楚，那么自然也没有必要去关心更多直接提升力量的实用技巧，后者是充分建立在高水平神经募集能力前提下的训练方式。它需要你真正地理解这种训练的原理，而不是简单地进行模仿，这是不会对你有任何帮助的。

深蹲的正确发力模式

深蹲根据杠位的不同可以分为高杠深蹲与低杠深蹲，这两种不同杠位下所对应的发力模式也有所不同。很多健身爱好者经常会在低杠深蹲时出现错误的发力模式，导致自己虽然使用的是低杠位，但是发力方式却是高杠深蹲的，这对于深蹲成绩的增长是没有什么帮助的。因此，我们在训练时必须充分掌握不同深蹲姿势所对应的各自特殊的正确发力模式。

出杠阶段。无论你使用的是高杠位还是低杠位，在出杠阶段的发力模式都是基本相同的。我们需要先将身体充分扛稳杠铃，完全收紧上背后才可以进行出杠。在柔韧性允许的前提下，我们可以选择双手尽量握得更近的方

式,这会使你的上背部更加紧张。在出杠的过程中,我们可以稍微向前站立一点,利用伸髋的力量将杠铃"端"出来,从而轻松地完成出杠。有很多健身爱好者在出杠时使用错误的半蹲方式,通过股四头肌的力量将杠铃蹲起来。这种方法会在正式深蹲开始前消耗一定的股四头肌的力量储备,特别是随着重量越大,股四头肌的消耗程度也就越高。因此,使用伸髋力量将杠铃"端"出来相比大多数健身爱好者习惯地利用半蹲将杠铃"蹲"出来要更加省力。

下蹲阶段。 当你使用低杠深蹲时,在离心下蹲的过程中,我们负责屈髋的肌群会更多参与到发力中,你的腘绳肌、臀大肌以及保持膝关节和髋关节角度的内收和外展肌群都是发力的核心来源。健身爱好者需要在下蹲时先屈膝,然后便充分利用屈髋的力量进行下蹲。有的人会在下蹲过程中出现腿部向前移动并大幅度屈膝的现象,这对于低杠深蹲时利用后侧链的力量是十分不利的,它会使你的发力重心更多集中在身体前侧,从而影响后侧链原本的发力效果。正确的方式是在下蹲时尽可能将身体重心放在足底中后部,这可以帮助你在蹲起的一刹那感受到腘绳肌的"牵张反射"。当你使用高杠深蹲时,你应当将身体的重心放在足底中前部,这会有利于你在蹲起的一刹那感受到股四头肌的"牵张反射"。

启动阶段。 前文我们曾经提到,在使用高杠深蹲时,股四头肌的"牵张反射"可以在深蹲启动阶段给予我们快速蹲起的助推力,股四头肌是这种力量释放的来源。而在低杠深蹲时,腘绳肌的"牵张反射"则是你快速蹲起的好帮手,腘绳肌以及臀大肌会贡献出较多的力量。

中半程。 当我们使用低杠深蹲时,因为膝关节屈伸的幅度相对较小,所在深蹲时并没有特别明显的中半程阶段。一般随着启动阶段的度过,进而迎来的则是后半程的锁定阶段。当我们使用高杠深蹲时,中半程的发力模式偏向使用较高木箱的箱式深蹲时所使用的力量,股四头肌以及臀大肌大量参与到发力中。

后半程。 高杠深蹲和低杠深蹲在后半程锁定阶段的发力模式是几乎一样的,健身爱好者需要利用类似半蹲或弹跳时的伸膝力量完成锁定。不过需要注意的是，与弹跳发力不同的是，深蹲后半程时髋部屈伸的幅度并不会很大，因此伸髋力量并不是此时最重要的发力来源。

卧推的正确发力模式

当我们使用窄握距或宽握距进行卧推训练时，并不会有特别大发力模式的区分，比如三角肌前束是杠铃在启动阶段最大的力量来源之一，这个是无论使用宽握距还是窄握距都无法改变的事实。健身爱好者在卧推时需要注意的正确发力模式指的主要是通过自身肌肉基础的强壮程度，来寻找最适合自己的姿势以及发力方法。比如你的三角肌属于较弱的部位，那么显然你不适合使用宽握距的方式，否则你的发力会处于极其困难的位置。此时使用相对窄一点的握距是你最正确的发力方法。

出杠阶段。在卧推的出杠阶段，我们必须确保上背与肩膀充分收紧，臀部与卧推凳贴住后再进行出杠。有的健身爱好者习惯在出杠后再将臀部放到卧推凳上，这并非是一种很好的习惯，它会使你的上背部有可能出现松动的现象。其次，我们建议大家最好找朋友帮忙进行出杠，自己出杠的方式会直接使原本紧张的肩背松掉。在出杠时，你的朋友需要帮你先将杠铃抬起，然后顺着水平角度将杠铃向前平推至你准备开始下降杠铃的位置。这样可以帮助你尽可能的在卧推开始前节省体力，有利于顺利完成整个卧推的试举。

离心阶段。大多数健身爱好者在卧推的离心阶段会本能地使用胸部肌群以及三角肌的力量，去使身体被动地承受杠铃下降的压力。事实上我们有相对更省力，并且对关节压力较小的方式，即通过背部的力量将杠铃"拉"下来，使身体主动地迎接杠铃，而不是被动地等着杠铃"砸"下来。我们建议大家可以在训练时想象高位下拉时的发力模式，最大程度激活背部力量，这不仅对于卧推的离心阶段有重要帮助，同时还可以在启动阶段贡献一份力量。

启动阶段。卧推的启动阶段最需要的力量来源毫无疑问是三角肌，但是如果你可以充分掌握将杠铃利用背部"拉"下来的发力方式，那么在卧推启动阶段时你的背部同样也是主要的发力来源之一。此外，卧推启动阶段的发力能力同握距有至关重要的关系，握距越宽相对来讲肩部越不容易发力，在

启动阶段也就更费力。有的健身爱好者为了缩短做功距离，从而盲目使用宽握距的方式进行练习，这种忽视自身肌肉强弱的发力方式是十分不可取的。

后半程。卧推的后半程所需要的力量主要是肱三头肌，无论你的手臂长短如何，肱三头肌都是在锁定阶段所能够提供最大帮助的肌肉。如果你使用的是相对较宽的握距，那么理论上只要你可以快速通过启动阶段，便几乎不会出现锁定困难的现象。但如果你使用的是窄握距或相对手臂较长的健身爱好者，你必须在卧推的后半程发力时将注意力主要放在肱三头肌上。

硬拉的正确发力模式

根据双手在大腿内或大腿外的姿势不同，我们可以使用传统拉或相扑拉两种不同的姿势。尽管硬拉始终是一个以伸髋力量为主导的动作，但是在不同的训练姿势下，我们所使用的发力模式是完全不相同的。特别是对于硬拉中较为特殊的启动阶段，杠铃无法像深蹲和卧推时那样拥有一个初速度，因此即使你的力量再大，一旦发力模式错误，那么便会出现无法将杠铃带离地面的尴尬现象。学习并掌握硬拉时正确的发力模式，可以使你处于最省力的"杠杆"下。这也是为何有的肌肉很强壮的健身爱好者会质疑那些相对比较瘦小的健身爱好者能够拥有巨大硬拉力量的原因所在，后者能够完成更大的硬拉重量绝非仅仅是因为手臂较长的关系，发力模式才是相对更重要的因素。

启动阶段。相扑拉的启动阶段会更多使用臀大肌的力量，而传统拉在启动阶段则会更多借助腘绳肌的帮助。我们要知道的是，尽管股四头肌在两种不同的硬拉姿势中都会起到一定作用，特别是在传统拉时还会释放相对相扑拉更大的力量，但是股四头肌始终都不是发力的核心。换句话讲，如果你将杠铃快速离地的希望寄托于股四头肌，那么便会极大程度限制你的硬拉增长。有很多健身爱好者认为硬拉跟深蹲是有一定关联的，但事实上这两者除了使用的肌肉群差不多以外，在力量的运用上一个是伸髋力量，另外一个是伸膝力量，这两者是截然不同的发力方式。有的健身爱好者硬拉的成绩相对深蹲要低一些，他们将原因归结为自己手臂较短，但实际上最根本的问题是在于错误的发力模式。其次，有的健身爱好者习惯通过弓背的方式，利用

"乌龟拉"快速将杠铃拉离地面。这种方式不仅会对脊柱健康造成极大损伤，同时还会大幅度增加锁定的难度，不利于硬拉成绩的增长。

中半程。相扑拉因为做功距离相对较短，所以不容易出现中半程，一旦你将杠铃正常带离地面，那么自然迎来变式锁定阶段。传统拉做功距离相对较长，特别是对于一些手臂较短的健身爱好者会出现中半程较为困难的现象。此时我们带动杠铃继续上升的力量来源主要为上背部以及腘绳肌，只有这两者的力量足够强大，我们才能够顺利地将杠铃继续向上拉。这点同我们在使用鱼竿钓一条特别大的鱼时发力模式很相似，你无法过多依靠股四头肌的力量，后侧链才是你更值得寻求帮助的力量来源。

锁定阶段。无论你使用的是传统拉还是相扑拉，当杠铃达到膝盖位置后，臀大肌便成为最重要的锁定力量的来源。有的健身爱好者会使用错误的发力模式进行锁定，即使用手臂或斜方肌的力量持续将杠铃向上拉，这是很费力并且极易出现失败的发力模式，要知道你的手臂或斜方肌在那个位置是根本不可能有特别大力量输出的。正确的方式是当杠铃上升到膝盖后，积极地运用臀部的力量伸展髋关节并使臀部主动靠近杠铃，这种方法不仅可以借助力量更加强大的臀大肌，同时还可以大幅度缩短做功距离，对于提升硬拉成绩有十分突出的作用。

▶ 优秀的发力技巧

对于高水平的健身爱好者或专业运动员，仅仅拥有扎实的肌肉基础和较强的神经募集能力对于使他们的力量水平更上一层楼是远远不够的。你必须了解并掌握一些三大项练习时优秀的发力技巧，它们可以帮助你更好地激活肌肉或缩短训练时的做功距离，使我们的力量成绩百尺竿头，更进一步。

在开始专项的技术训练前，我们要求大家必须具备以下两个基础条件：第一，一定是训练经验成熟并且训练年限足够的健身爱好者，你必须有至少2～3年的力量训练经验和足够的成绩基础，否则你更应当将注意力放在提高肌肉基础或神经募集能力上，这两者可以先帮助你的力量水平达到合格线。

忽略基础只关注锦上添花的内容，对于力量的提高是没有建设性帮助的。第二，在进行技术训练时一定要从轻重量练习开始，使用大重量训练技术不是一个好主意，你的肌肉、关节、韧带以及神经对于新的技术是没有充分记忆的，此时贸然使用大重量进行练习甚至会使你受伤。相对安全的方法是使用轻重量进行速度训练，通过高速度的方式磨炼自己的技术以及身体各部位之间的配合能力。

深蹲发力技巧

屈髋与屈膝的节奏

无论你使用的是低杠深蹲还是高杠深蹲，始终记得在下蹲时一定是先屈膝，否则先屈髋的发力方式会使你的上半身前倾幅度较大，容易出现因重心丢失所导致的试举失败。其次，当我们在下蹲时要注意不能无限制的屈膝，这是十分不利于蹲到标准深蹲幅度的方法。我们知道标准的深蹲幅度是髋关节的位置要低于膝关节顶点，因此在深蹲时我们要更多注意的是屈髋而不是无限制的屈膝。有的时候即使屈膝角度再大，只要髋关节的位置没有达标我们便无法达到标准的幅度。并且，无限制屈膝的方式还会引发重心过度前移，对于深蹲试举同样是没有帮助的。

适当拉宽站距

我们建议大家在深蹲训练时可以适当拉宽站距，这种方法可以帮你获得相对较短的做功距离，从而使深蹲成绩尽可能提高。不过在具体训练时我们要注意不能无限制的拉宽站距，否则你的髋关节会产生极强的不适感。此外，在进行宽站距训练时我们要注意保持正常的脚尖指向，有的健身爱好者喜欢在宽站距的同时将脚尖指向更靠外，这种方法虽然能够使臀部释放更多的力量，但是却容易使髋关节产生强烈的不适感，并且极大程度削弱股四头肌的发力比例，不利于力量的增长。

保持头部位置

有许多健身爱好者在进行深蹲训练时喜欢保持低头的姿势，这种方法是无法使你收紧上背部肌群的，我们建议大家在深蹲时将头部保持在身体的正常中立位即可，这也是最有利于上背部收紧的姿势。这个习惯是我们需要通过大量训练所逐渐养成的，有很多健身爱好者会不自觉地在出杠时出现低头的现象，这些都需要我们通过一点点的努力逐渐克服。在深蹲时我们可以让眼睛朝下看，但始终不能出现低头的现象。

吸气节奏

吸气是力量训练中十分重要的一环，特别是在面临冲击极限重量时，好的呼吸节奏和呼吸方式更是成功的重要因素之一。我们建议大家在深蹲时使用"快、短、强"的较为迅猛的吸气方式，这种方式相比很多健身爱好者错误使用的大口深呼吸更容易使上背保持紧张。大口的深呼吸容易出现上背松动的现象，不利于我们深蹲时上背部的稳定。有的人认为迅猛的吸气方式是无法摄入充分氧气的，但事实上只要你的肺活量足够过关，那么无论是快速还是正常的呼吸方式都不怎么会影响氧气摄入量的不同。此外，在吸气节奏上我们建议大家吸满气后便可以立即下蹲，不要出现吸满气后思考个几秒钟再进行下蹲的现象，后者会使你浪费太多的精力在闭气上，一旦在蹲起时遇到粘滞点，那么便有可能出现因气息不足所导致的失败。

伸髋出杠

在前文我们曾经提到过，使用伸髋出杠的方式会相比错误的伸膝出杠或半蹲出杠好的多，它不会使健身爱好者在真正的深蹲开始前浪费太多的体力。要注意的是，在使用伸髋出杠的技术练习时，我们需要注意双脚站的位置应当相对杠铃更加靠前一点，这样才有助于我们使用伸髋的力量进行出杠。不过，双脚站的位置并不能过于靠前，否则在出杠的一刹那会出现重心后移较多的现象，不利于身体的稳定。我们建议健身爱好者可以使用相比正常深蹲极限高10%的重量进行出杠练习,通过较多次的重复训练来逐渐打磨技术。

卧推发力技巧

适当握宽

宽握距相比其余正常握距都可以带来更短的做功距离,这无疑是十分符合专项力量增长的原理之一。不过,要注意的是你必须确保肩部拥有较强的力量,否则当你使用宽握距时,肩部处于发力欠佳的姿势下,这反而会影响你的成绩进步。

掰杠技巧

当我们握住杠铃时,可以在卧推的全程想象双手用力将杠铃掰弯。虽然你根本不可能徒手就将杠铃掰弯,但是这种发力方式会有助于你更好地激活肱三头肌,对于卧推的后半程锁定会有更好的辅助。不过需要注意的是,我们并不是建议所有人都使用掰杠技巧,后者容易使你将过度的精力集中在掰杠上,过分的掰杠会使肘关节过于内收,不利于卧推成绩的增长。我们仅仅是需要想象这个发力感即可,它不仅能够激活肱三头肌,同样还可以给上背部肌群带来一定帮助。

起桥方式

注意,我们在进行卧推的专项训练时会遇到这样一个问题,即究竟正确的起桥方式是什么?起桥的核心初衷还是在于缩短卧推时的做功距离,由此不难发现,我们需要真正起桥的是胸部以及中背部,而不是腹部或肚子上,毕竟我们不会将杠铃放在肚子上进行练习,这显然是力量举比赛中裁判所不可能允许的方式。

腿驱动

腿驱动是一些比较有经验的健身爱好者在训练时会使用的技巧,它可以帮助我们通过腿部借力的方式在启动阶段获得强大的助推力，解决卧推时杠铃完全停稳所导致的启动困难的现象。不过，在进行腿驱动训练时，大家一定要明白真正的腿驱动的发力方式是什么样的？正确的腿驱动是双脚向前用力蹬地所获得的力量，绝非是双脚用力向下垂直蹬地所获得的力量，后者会使我们在训练时出现比较常见的错误或犯规，即臀部明显离开卧推凳。这种方法虽然可以短时间提高你的卧推成绩，但是对于那些有比赛需求或相对较认真的健身爱好者而言，这是一个很糟糕的坏习惯。

背部发力

前文我们也曾经提到过，如果想让我们在杠离心阶段将杠铃越快越稳地落在胸部，那么我们最需要使用的是通过背部发力的方式将杠铃快速地"拉"向自己。这种方法对于健身爱好者来讲可能不是特别好掌握，它不仅对于背部肌肉有一定的要求，同时还需要健身爱好者有较强的力量感悟能力。

吸气节奏

当我们在进行卧推训练时，我们需要在吸满气的同时便立即下降杠铃，而不要等吸满气以后停个几秒再进行离心发力。后者对于提高卧推成绩是没有帮助的，要知道卧推与深蹲和硬拉不一样，它必须等到裁判喊出推起的口令后才可以发力向上推起杠铃，而这个停顿的时间并不是固定的，有的时候你从屈肘下降杠铃到手臂完全伸直可能需要花费将近10多秒的时间，这在需要严格闭气的大重量训练时显然是奢求。因此，为了不出现闭气困难的现象，我们建议大家一定要在吸满气的同时便立刻进入卧推的离心阶段。

硬拉发力技巧

找寻臀位

臀位是对于硬拉训练来讲最重要的一个环节，我们能够看到大部分训练姿势有错误的健身爱好者都会有共同的问题，即臀位不合理。有的是无限制使用高臀位进行练习，导致训练所刺激的主要目标集中在腰背部上。还有的是使用较低的臀位进行练习，这种方式对于不是体型特别庞大的健身爱好者来讲，都不是最好的选择。我们建议大家在平时可以通过握住杠铃，然后腿部在腰背部保持尽可能伸直的前提下慢慢屈髋并下将臀位至最佳位置，全身后侧链都保持较强紧张感，此时你便拥有了属于你的正确的臀位。当然，我们还有另外一种方式帮助大家寻找臀位，即将杠铃拉起后慢慢控制下放至杠铃片与地面接触，此时的臀位同样是你最正确的位置。这也是为何很多健身爱好者在一组训练中的第一个或第二个动作往往不是最快的，最快的往往是之后几个动作，原因就在于他们并没有在训练前做好充分的准备，相关发力肌群并没有充分收紧。

跳跃式站距

跳跃式站距是传统硬拉中十分优异的寻找最佳站距的方法，当我们要释放最大弹跳力时，我们会发现所使用的预蹲姿势几乎同传统硬拉一模一样，有助于力量成绩的突破。我们可以在选定站距后不要立即出现屈髋并上拉杠铃的现象，这对于我们的传统拉成绩增长是没有太多辅助意义的。如果你不确定你在杠铃前的站距是最佳的跳跃式站距，那么我们可以通过屈膝进行几次预蹲的方式来自我感觉一下，确定一切无误后再进行硬拉。

保持头部位置

硬拉中头部的位置对于力量成绩的增长有不小的帮助。硬拉时我们的上背部肌群是比较重要的发力来源之一，因此保持头部处于最佳的中立位是最符合训练需求、最能保持上背部紧张的方法。有很多健身爱好者在进行传统拉训练时喜欢抬头看着镜子，这是一个很不好的坏习惯，我知道有的人希望通过镜子来判断自己的动作是否正确，但这种方式不利于我们培养正确的训练姿势。如果你看着镜子拉的就稍微正确，不看着镜子拉的就漏洞百出，那么这并不能认为你已经很好地掌握了硬拉这项动作。

避免圆背

有的健身爱好者认为圆背硬拉是一种技术，他们觉得圆背可以帮助我们在离地阶段获得尽可能快的离地初速度，是提高硬拉的得力助手。但事实上，圆背硬拉并没有给予健身爱好者太多在离地方面的帮助，我们之所以离地速度变快，是因为腰背部肌肉进行代偿发力的结果，这是不利于成绩的增长和身体健康的。我们在训练时要避免出现圆背的现象，这个习惯一旦养成便很难改正。我们可以在真正极限重量的时候出现背部稍微的弓起，这或许便是训练中不断挑战自我的重要意义。不过不用担心，这个错误的训练姿势是可以在短时间内尽快纠正的。

吸气节奏

有的健身爱好者在进行硬拉前会使用不同的吸气节奏，通过自己的感受选择最适合自身的呼吸方式。我们建议大家无论使用什么训练姿势，都必须在发力一刹那前刚刚好吸满气，切记不能出现气都已经吸满但却迟迟没有屈髋或握住杠铃。

掰杠技巧

在卧推训练时掰杠可以帮助我们更好地激活肱三头肌，但是在硬拉训练中，我们还可以通过掰杠，即双手肘关节向后的方法使上背夹得更紧，避免出现所谓的"圆背"现象。要注意的是，如果你可以在训练时使用双手锁握的训练方式，那么这会使你的上背部肌肉强度达到最高的一级。

预蹲发力

预蹲发力是很多高水平的健身爱好者所习惯使用的方式，在正式拉之前我们可以握住杠铃进行预蹲，后者虽不能大幅度提升我们的硬拉成绩，但是对于硬拉最困难的启动阶段，有着难以比拟的重要价值。我们可以选择将合适的呼吸节奏与预蹲发力结合起来，在最后一次预蹲开始前，即屈髋向下

前一定要开始吸气,并且在预蹲到正确的臀部位置,准备发力时将气完全闭住,后者会让我们在氧气量最充足的时候向自己的极限成绩发起挑战。

2 专项力量提高训练

在力量训练中,肌肉辅助训练的作用是帮助我们打下坚实的肌肉基础,提供力量增长所必需的肌肉量。而专项训练则是提高神经募集能力,直接将肌肉基础转化为更高极限力量的训练模式。其中专项的辅助训练更是可以帮助我们提升三大项动作技术,解决训练中不同阶段出现问题的最佳方式。比如当我们在硬拉的启动阶段出现巨大弱点时,我们应当选择的是使用超程硬拉等直接提升启动能力的专项辅助训练,这是最治本的解决方案。有的健身爱好者会习惯进行单一的肌肉辅助训练,比如强化在传统硬拉时主要负责启动发力的腘绳肌,这种方法相对较单一,治标不治本,无法从根本上解决硬拉启动困难的现象。特别是当你的硬拉成绩进步到相对较高的水平时,持续关注肌肉辅助训练的方式已经不足以使你的硬拉更上层楼。你必须将大量的注意力集中在专项辅助训练上,这才是你变身硬拉高手的关键。

▶ **深蹲出杠阶段**

出杠练习

姿势:使用不超过深蹲极限重量10%的重量进行出杠练习,保持10秒左右再将杠铃放回到深蹲架上。

注意事项:一定要扛起杠铃并走出来,有的健身爱好者习惯只将杠铃扛起来,这并没有太多实际意义。此外,一定要使用伸髋的力量完成出杠,不要一直使用半蹲或浅蹲的方式出杠。

重量:使用不超过深蹲极限重量10%的重量进行练习。

价值：能够起到一定辅助出杠的作用，对于以更省力的状态开始深蹲有重要帮助。

▶ 深蹲下蹲阶段

离心深蹲

姿势：使用正常的深蹲姿势进行练习，在离心下蹲的过程中进行慢速控制，用3～5秒的时间完成下蹲。

注意事项：当我们进行慢速控制的离心下蹲时，身体容易暴露很多你未曾发觉的弱点，比如踝关节的不稳定以及膝盖的内扣，因此在进行离心深蹲时我们并不建议大家使用太大的重量进行练习，这种训练方式的目的是加强身体在离心阶段对肌肉、关节以及韧带的控制，并非执着于重量的大小。

重量：使用正常深蹲极限50%～60%左右的重量进行练习。

变式动作：我们可以在离心下蹲至幅度后保持1～2秒的停顿进行间歇深蹲，这有助于同时提高我们启动阶段的能力。

价值：离心深蹲不仅可以加强对身体各部位的控制能力，同时对于纠正踝关节灵活性不足或膝盖内扣等错误的发力姿势都有一定价值。

▶ 深蹲启动阶段

启动深蹲

姿势：将杠铃放在深蹲幅度的最低点位置的保护架上，健身爱好者蹲下去扛住杠铃然后直接发力向上蹲起。

注意事项：一定要将杠铃调整至最合适的高度，并且在发力时要使用正常深蹲时的发力姿势，有的健身爱好者为了蹲起更大的重量，习惯在启动深蹲时借助腰背部的代偿发力，这是对脊柱健康很有损伤的姿势。

重量：使用正常深蹲极限70%～80%左右的重量进行练习。

变式动作：我们可以通过调节较高的高度来进行练习，这可以在一定程度上帮助我们提升深蹲中半程的能力。

价值：启动深蹲是没有任何杠铃初速度的训练方式，这对于健身爱好者的启动能力有较强要求。但是，启动深蹲并没有离心阶段预先的力量消耗，因此我们建议将它与间歇深蹲相结合进行练习，充分提高深蹲启动阶段的能力。

间歇深蹲

姿势：进行正常的深蹲训练，当下蹲至最低点时保持1～2秒的停顿，然后再蹲起杠铃。

注意事项：在最低部停顿时一定要注意保持身体重心的稳定，不要出现重心明显的前后变化，这对于身体健康是十分不利的。

重量：使用正常深蹲极限70%～90%左右的重量进行练习。

变式动作：我们可以选择在蹲起后上升到相对较高的位置时保持停顿，然后再蹲起的方式进行练习，这可以帮助我们在一定程度上提升深蹲中半程的能力。注意，不要选择使用间歇半蹲的方式进行练习，这种方法没有在底部蹲起这一预先的力量消耗，因此对于提升深蹲中半程并没有什么帮助。

价值：间歇深蹲与启动深蹲组合是十分优秀的解决深蹲启动能力较差的专项辅助训练动作。

▶ 深蹲中半程

箱式深蹲

姿势：选择合适高度的箱子进行深蹲练习，身体在箱子上停稳1～2秒后再发力站起。

注意事项：不要在坐到箱子上时出现上半身的后移或髋关节的松动，这种方式对于腰椎而言是十分危险的。我们需要在整个训练的全程都保持身体重心的稳定。

重量：使用正常深蹲极限70%～90%左右的重量进行练习。

变式动作：我们也可以降低箱子的高度，这可以在一定意义上提升深蹲的启动能力。

价值：箱式深蹲适合使用高杠的健身爱好者解决深蹲中半程困难的问题。

▶ 深蹲后半程

弹力带深蹲

姿势：使用弹力带拴在杠铃两端，并绑在深蹲架或哑铃上进行正常的深蹲练习。

注意事项：弹力带深蹲会在离心阶段迫使你进行快速地下蹲，因此在刚开始练习时我们不建议使用太大的重量，否则会出现因不熟悉发力节奏所导致的伤病。

重量：使用正常深蹲极限70%～80%左右的重量并配合阻力适中的弹力带进行练习。

变式动作：我们也可以使用铁链进行铁链深蹲，只不过寻找长度合适的铁链并不是十分容易的事情。

价值：弹力带深蹲不仅可以帮助我们加强深蹲后半程的发力，同时还可以在一定程度上帮助我们养成控制身体快速下蹲的习惯。

▶ 卧推起桥

姿势：将泡沫轴或高度合适的瑜伽垫、瑜伽砖等垫在上背下方进行卧推练习。

注意事项：要将物体放置在上背下方，使胸部尽可能抬高，而非将物体放在腰部下方，让腰部抬高。

重量：从较轻的重量开始进行循序渐进的递增训练。

价值：除去针对上背部以及胸椎的柔韧性训练外，使用瑜伽砖等辅助起桥同样是很不错的可以训练卧推桥高度的方法。

▶ 卧推离心阶段

离心卧推

姿势：使用正常的卧推姿势进行练习，不过要注意在离心阶段使用3~5秒的时间将杠铃控制落在胸上。

注意事项：离心卧推时身体会将一些相对较弱的区域暴露无遗，比如肘关节的晃动或上背无法充分收紧。这些都是我们需要通过离心卧推去解决的最主要问题。

重量：使用卧推极限重量的50%~60%进行练习。

价值：离心卧推不仅可以改善我们在卧推中一些错误的发力姿势，同时还可以使我们加强对身体和杠铃的控制，有利于我们在启动阶段时拥有更好的力量储备。

▶ 卧推启动阶段

地板卧推

姿势：使用哑铃或杠铃进行地板卧推，健身爱好者全程需平躺在地板上，双腿微屈。

注意事项：一定要找朋友进行辅助训练，否则容易产生伤病隐患。

重量：使用卧推极限重量的60%~70%进行练习。

价值：地板卧推有助于健身爱好者提高在肩背部无法收紧时的卧推能力，不过我们并不建议力量训练经验较少的健身爱好者使用这种练习方式，它有可能使你习惯肩背不收紧的错误发力模式。此外，手臂相对较短的健身爱好者也不适合使用这种方式进行练习，它会使你的肱三头肌更多参与到训练中，对于提升卧推启动能力并没有太大的帮助。

木板卧推

姿势：使用高度合适的木板放在胸口，当杠铃下降至胸口后进行1～2秒的停顿，然后向上推起杠铃。

注意事项：当杠铃在木板上停顿时要保持身体的持续紧张，不能出现因杠铃停顿便放松肌肉的现象，这对于卧推的启动能力是有百害而无一利的。

重量：使用卧推极限重量的70%～85%进行练习。

变式动作：我们也可以通过在杠铃中间绑一个护腕的方式进行替代练习。

价值：木板卧推对于提升卧推启动能力十分有帮助，并且它还可以配合宽握距进行训练，解决当握距较宽时，启动阶段十分困难的现象。

▶ 卧推锁定阶段

弹力带卧推

姿势：使用弹力带拴在杠铃两端并绕过卧推凳进行练习。

注意事项：弹力带卧推会在离心阶段迫使你进行快速的下放杠铃，因此在刚开始练习时我们不建议使用太大的重量，否则会出现因不熟悉发力节奏所导致的伤病。

重量：使用正常卧推极限70%～80%左右的重量并配合阻力适中的弹力带进行练习。

变式动作：我们也可以使用铁链进行铁链卧推，只不过寻找长度合适的铁链并不是十分容易的事情。

价值：弹力带卧推不仅可以帮助我们加强卧推后半程的发力，同时还可以在一定程度上帮助我们养成控制身体快速下放杠铃的习惯。

窄推

姿势：双手握住杠铃与肩同宽进行练习。

注意事项：没必要使用双手握距比肩膀较窄的方式进行练习，后者容易

使健身爱好者在练习时出现腕关节的不适感。除非你属于手臂较短的健身爱好者，可以适当使用较窄的方式进行练习。

重量：使用正常卧推极限70%～80%左右的重量进行练习。

价值：窄推原本就是极度需要肱三头肌力量的训练动作，并且窄推相比正常的卧推拥有更长的做功距离，对于提升卧推后半程的锁定能力有更好的效果。

▶ 硬拉启动阶段

超程硬拉

姿势：站在2.5厘米的台子或杠铃片上进行传统拉练习。

注意事项：超程硬拉只适合使用传统拉的方式进行练习，不能够使用相扑超程拉训练，这种方式有存在受伤隐患的可能性。如果你想提升相扑拉时的启动能力，那么我们可以将正常的传统拉训练作为相扑拉的辅助动作。此外，要注意的是，在超程硬拉时我们始终要保持肩膀与杠铃的正确位置，避免肩膀超过杠铃，并且保持腰背部伸直。

重量：使用硬拉极限的70%～80%进行练习。

变式动作：我们可以通过改变台子高度的方式进行练习，比如使用5厘米或7.5厘米等更高的台子进行训练。台子越高相对应的启动难度也就越大。此外，我们还可以使用弹力带进行超程弹力带硬拉，同时还可以提高硬拉在锁定阶段的能力。

价值：超程硬拉对于提升传统拉启动能力有极强的帮助，并且拉长了整体做功距离，从而对提升锁定能力也有一定的贡献。

离心硬拉

姿势：将杠铃正常拉起，然后用3～5秒的时间控制杠铃进行慢速的离心下放，全程保持身体持续的张力。

注意事项：在离心阶段也一定要保持身体的张力直至杠铃接触地面，然后再进行重复练习。一旦身体在杠铃接触地面后出现松动，那么便会出现再次发力时启动困难的现象。

重量：使用硬拉极限的60%～70%进行练习。

变式动作：我们可以使用传统拉或相扑拉的方式进行离心硬拉训练。

价值：离心硬拉不仅有助于我们找寻最正确的臀位，同时还可以使我们在启动阶段保持全身充分紧张的状态，逐步培养正确的发力习惯。

▶ 硬拉锁定阶段

杠铃臀桥

姿势：将杠铃放在髋关节位置，身体平躺在地面上，双腿微屈，利用臀部的力量向上顶起杠铃至足够高的高度。

注意事项：不要在顶起杠铃时出现脊柱的超伸现象，这对于脊柱健康是很有损伤的。其次，如果髋关节和小腹有不适感，那么我们可以在杠铃上包裹海绵进行缓冲。健身爱好者需注意，臀桥时力量的来源为臀大肌，而不是通过股四头肌或腰部借力的方式完成练习。

重量：使用硬拉极限的60%～70%进行练习，有的健身爱好者习惯使用较大的重量，甚至是超过硬拉极限的重量进行臀桥练习，这种方式对于硬拉成绩的增长是没有太大帮助的。我们使用臀桥的意义在于强化后半程锁定阶段的能力，培养臀部主动发力的意识，而不是一味追求绝对重量的高低。

变式动作：可以用上半身躺在上斜椅的方式进行练习，这种方法可以获得更大的做功距离。

价值：有利于培养臀部发力的感觉，帮助健身爱好者在硬拉锁定阶段更加聪明的发力。

宽拉

姿势：双手握住杠铃标线外侧，利用传统拉的方式将杠铃拉起。

注意事项：宽拉需要我们使用臀位较低的方式进行硬拉，此时一定要注意保持腰背部收紧不出现弯曲，肩部处于杠铃垂直线，身体重心不要靠前。

重量：使用硬拉极限的50%~60%进行练习。

变式动作：我们可以使用弹力带宽拉的方式更加强化对于锁定能力的提升。

价值：宽拉不仅有助于提升我们锁定阶段能力，同时还可以给予背部肌群一定较强的刺激。

直腿硬拉

姿势：使用传统拉的方式进行练习，在保持腰背部伸直的情况下尽可能使用直腿的方式拉起杠铃。

注意事项：如果你的柔韧性不足以使你用直腿的方式完成训练，那么可以适当弯曲腿部，但一定要始终保持腰背部伸直，这是训练中最重要的核心要领。

重量：使用硬拉极限的50%~70%进行练习。

变式动作：我们可以使用弹力带直腿硬拉的方式更加强化对锁定能力的提升。

价值：直腿硬拉对于提升传统拉和相扑拉的锁定能力都有十分重要的帮助。

早安式

姿势：双手握住杠铃并将杠铃放在斜方肌上，屈髋并带动上半身前倾至与大腿保持90度夹角，然后伸展上半身至训练初始姿势，进行重复练习。

注意事项：在柔韧性允许的情况下尽量保持腿部以及腰背部伸直，如果健身爱好者自身柔韧性欠佳，那么可以在保持腰背部伸直的前提下略微屈膝进行训练。全程注意不要使用股四头肌屈伸的力量进行练习，整个动作的发力点是集中在后侧链肌群的。此外，不要使用低杠的方式进行练习，这种方式难度相对较低。

重量：使用较轻的重量进行高次数的容量训练。

变式动作：我们可以使用绳索进行练习，将绳索放在两腿中间进行早安式，这种方式可以在一定程度上减少腰背所受到的压力。

价值：早安式对于感受硬拉锁定阶段时身体后侧链的发力有很大帮助。

弹力带硬拉

姿势：将弹力带踩在脚下进行传统拉的弹力带硬拉训练，或者将弹力带固定在杠铃两端，进行相扑拉的弹力带硬拉训练。

注意事项：弹力带硬拉会使你在杠铃下放阶段时有一个较快速的推力，健身爱好者在进行练习时一定要注意，避免身体受到损伤。

重量：使用正常硬拉极限70%~80%左右的重量并配合阻力适中的弹力带进行练习。

变式动作：我们也可以使用铁链进行替代练习，在发力时铁链相比弹力带会给予健身爱好者一定重心的变化。

价值：弹力带硬拉以及铁链硬拉都是很不错的提升硬拉锁定能力的辅助动作，随着杠铃越接近锁定位置，我们使用的杠铃重量也相对越沉。这种方式会相比半程硬拉具有预先的力量消耗，更符合提高锁定能力的原则。

第四章 弹跳力引爆的辅助手段

弹跳力是神经控制能力的一种表现形式，也是爆发力水平高低的代表之一，我们需要通过神经的兴奋性尽可能募集更多的肌肉参与到跳跃运动中，并且要在最短的时间内用最快的速度释放最大的力量，从而获得我们预想的弹跳绝对高度。弹跳力绝对不是单纯考验单一肌群或某个力量训练动作所释放的力量大小的运动能力，我们能发现有很多健身爱好者拥有极强的深蹲成绩，但是绝对的起跳高度却并不如一些深蹲远不如自己的跳高或跳远运动员。究其原因，绝非是因为深蹲对于提升弹跳高度没有什么帮助，而是弹跳力的增长是必须由多种不同的训练方式互相协助才能够提高的运动能力。很多健身爱好者痴迷于对力量的提升，或者把注意力更多放在肌肉练习上，这便导致了发力模式的僵化，神经系统缺乏相关的"跳跃记忆"。因此，如果你想真正引爆自己的弹跳力，那么第一个要做的便是了解清楚弹跳力增长的原理，这是无论追求最大弹跳高度的健身爱好者，还是希望提升在竞技运动中弹跳力表现的运动员都必须了解的。

弹跳力增长的原理是以针对性的跳跃类训练为核心，添加迁移性较高的力量训练动作，再辅以必要的肌肉训练、协调性训练、柔韧性训练。首先，跳跃类训练是弹跳力训练的绝对核心，你的弹跳力训练计划是必须以针对性的跳跃类训练动作为主的，不可能有哪个弹跳力训练计划是没有跳跃动作安排的，在具体动作的选择上，我们建议大家根据所需要提高弹跳力的类型进行针对性的挑选。比如当你需要获得最大弹跳高度时，你一定要安排垂直方向上的跳跃练习。相反，如果你需要的是提升跳远的能力，那么你应当多安排水平方向上的跳跃练习。此外，对于那些在竞技赛场中有弹跳力需求的运动员或健身爱好者来讲，也应当根据具体的运动需求进行选择。比如大部分的运动项目都要求你具备较强的连续起跳能力，这其中有需要你具备尽可能连续起跳到足够高度的能力，也有需要你尽可能快速地连续起跳能力，我们要根据具体情况的不同做出正确的选择。

其次，在弹跳力训练时，我们必须安排迁移性较高的力量训练动作，这是十分必要的，虽然弹跳力的高低并不等同于某项力量训练动作使用重量的高低，但是迁移性相对较高的力量训练动作对于提升弹跳力是十分具有价值的。我们可以根据弹跳力的发力模式来挑选迁移性相对较高的力量训练动作，传统硬拉、半蹲、半蹲跳、哑铃跳、高翻、高抓等动作都是迁移性相对较高的力量训练动作。但是，在具体的选择上，我们不可能将所有的力量训练动作都练一遍，这会使我们整体的训练量变得过大，不利于神经的恢复。我们需要根据自身的特点选择其中相对较合适的训练动作，比如对于跳跃动作不熟悉的健身爱好者来讲，半蹲跳或哑铃跳等负重的跳跃类练习是相对较好的选择。而对于相对力量较缺乏，膝关节不是十分强壮的健身爱好者来讲，硬拉、高翻、高抓等动作是相对较安全的选择。

虽然肌肉训练是弹跳力训练的辅助方式之一，但是我们不能把它放在特别重要的位置，否则会出现舍本逐末的现象。在提高弹跳力时，肌肉训练只有在相关主要发力肌群出现明显滞后时才会进行适当的针对练习，平时我们只需安排每个部位1~2个动作即可。我们的目的是在于保持肌肉的活跃程度和基本的肌肉力量，因此并不需要在每次练习时将肌肉练得特别疲劳，这会影响我们的身体恢复速度，不利于较高频率的进行弹跳力的提高练习。

　　协调性训练与柔韧性训练对于提高在竞技运动中的弹跳力表现，具有十分重要的意义。在具体的竞技运动中，我们往往会遇到身体出现不平衡，或需要在高速反应下、高对抗程度下进行跳跃的现象。如果你的身体协调性不足，那么便会出现因对抗和高速所导致的身体失去重心，甚至有可能出现受伤的现象。其次，协调性的训练对于绝对的极限弹跳力也是有着不容忽视的作用的，特别是对于那些不擅长单脚起跳或助跑单脚起跳的健身爱好者来讲，好的协调性是解决这一切的最主要方法。我们需要通过针对性的协调性与柔韧性训练，使自己的平衡能力与核心力量大大加强，帮助自己获取更加具有竞技意义的弹跳力。

1 极限弹跳力训练方法

▶弹跳力训练动作

高翻

　　姿势：双手正握并锁握杠铃，利用髋关节以及膝关节的主动发力将杠铃上翻至锁骨，同时身体下蹲可以便更好地接住杠铃。

　　注意事项：高翻是难度极高的训练动作，健身爱好者如果对动作细节不熟悉，可以先使用PVC管进行动作练习，等动作熟练掌握以后再逐渐增加重量。

　　重量：使用较轻的重量进行练习，我们训练高翻的目的在于培养爆发力的感觉，使用过大的重量容易使我们将更多的注意力集中在重量上，从而丧失了至关重要的速度能力，不利于爆发力的增长。

　　变式动作：我们可以将杠铃放在合适高度的木箱上进行悬垂高翻的训练，这种方式可以使我们更好地模仿弹跳时的发力模式，训练的迁移性更高。

　　价值：高翻与高抓都是很好地提高爆发力的训练动作，它们对于提高弹跳力有很强的迁移效果。

高抓

姿势：双手正握并锁握杠铃，利用髋关节以及膝关节的主动发力将杠铃上抓至头顶，同时锁死肩背关节。

注意事项：高抓是难度极高的训练动作，健身爱好者如果对动作细节不熟悉，可以先使用PVC管进行动作练习，等动作熟练掌握以后再逐渐增加重量。

重量：使用较轻的重量进行练习，我们训练高抓的目的在于培养爆发力的感觉，使用过大的重量容易使我们将更多的注意力集中在重量上，从而丧失了至关重要的速度能力，不利于爆发力的增长。

变式动作：我们可以将杠铃放在合适高度的木箱上进行悬垂高抓的训练，这种方式可以使我们更好地模仿弹跳时的发力模式，训练的迁移性更高。

价值：高翻与高抓都是很好地提高爆发力的训练动作，它们对于提高弹跳力有很强的迁移效果。

箭步蹲

姿势：使用哑铃进行箭步蹲练习，当我们迈小步时股四头肌发力较多，而当我们迈大步时腘绳肌以及臀大肌发力较多。

注意事项：在箭步蹲训练时一定注意蹲起阶段保持上半身尽量竖直，如果上半身出现前倾较大的现象，那么便会导致膝关节受力较多，这对于使用弹跳力训练模式的健身爱好者来讲并不是一件好事。此外，为了更好地使身体练习非对称发力情况下力量的输出能力，我们建议健身爱好者可以同时使用迈小步和迈大步两种不同的姿势进行练习。

重量：不要使用过大的重量进行练习，否则握力会成为极大的制约因素。

变式动作：我们可以使用杠铃进行替代练习，后者相比哑铃可以更能提高健身爱好者非对称发力的能力。当然，我们也可以进行连续的箭步走练习，这种方式对于强化髋关节的力量是有重要帮助的。

价值：当我们在进行助跑跳时，身体会呈现非对称发力的现象，此时你必须安排非对称发力的动作进行练习，传统的双脚同时发力的深蹲或硬拉在这里是无法提供较多帮助的。

保加利亚剪蹲

姿势：使用哑铃进行保加利亚剪蹲的练习，当我们前侧腿与后侧椅子之间距离较大时，我们的腘绳肌和臀大肌是主要的发力来源。而当我们前侧腿与后侧椅子之间距离较小时，我们的股四头肌是发力的核心部位。

注意事项：在保加利亚剪蹲训练时一定注意蹲起阶段保持上半身尽量竖直，如果上半身出现前倾较大的现象，那么便会导致膝关节受力较多，这对于使用弹跳力训练模式的健身爱好者来讲并不是一件好事。保加利亚剪蹲对于身体平衡性的要求极高，健身爱好者在进行练习时一定要注意保持身体的稳定。此外，为了更好地使身体练习非对称发力情况下力量的输出能力，我们建议健身爱好者可以同时使用间隔距离较大以及较小两种不同的方式进行练习。

重量：不要使用过大的重量进行练习，否则握力会成为极大的制约因素。

变式动作：我们可以使用杠铃进行练习，后者会相比哑铃可以更能提高健身爱好者非对称发力的能力。但是，这种方式对于平衡性的要求极高，核心力量不足的健身爱好者要谨慎使用这种练习方式。

价值：当我们在进行助跑跳时，身体会呈现非对称发力的现象，此时你必须安排非对称发力的动作进行练习，传统的双脚同时发力的深蹲或硬拉在这里是无法提供较多帮助的。

蛙跳

姿势：使用双手自然垂直于身体两侧的方式进行蛙跳练习。

注意事项：我们可以使用连续的蛙跳训练，也可以使用单独的一个个立定跳远进行练习。在训练时要注意穿着减震较强的运动鞋进行练习，并且在跳跃落地的一刹那注意主动屈膝进行对膝盖的保护。

重量：使用自身体重进行训练即可。

变式动作：我们也可以使用双手抱头的方式进行蛙跳练习，这种方式可以最大程度削减手臂挥动对弹跳力的帮助，使我们水平方向的弹跳力增长更纯粹。

价值：蛙跳可以帮助我们提升水平方向上的弹跳力。

半蹲跳

姿势：屈膝下蹲至弹跳时所使用的预蹲幅度，进行半蹲跳的练习。

注意事项：一定要确保自己的下蹲幅度为弹跳时所使用的幅度，过高或过低的幅度都是不利于弹跳力提高的。

重量：使用自身体重进行训练即可。

变式动作：可以使用双手持哑铃的方式进行哑铃半蹲跳，通过增加负荷提升弹跳力。

价值：半蹲跳几乎是全部模拟弹跳时身体各部位肌肉群发力的训练动作，对于提升弹跳力水平具有重要帮助。

深蹲跳

姿势：大幅度屈髋下蹲，然后进行深蹲跳练习。

注意事项：深蹲跳练习时一定要确保蹲到足够低的幅度，不要变成半蹲跳时的幅度。

重量：使用自身体重进行训练即可。

变式动作：可以使用双手持哑铃的方式进行哑铃深蹲跳，通过增加负荷提升弹跳力。

价值：深蹲跳对于提升弹跳力所需要的肌

肉力量基础有较大帮助，同时还可以在一定程度上帮助我们培养弹跳记忆。

提踵

姿势：双脚站距与弹跳预蹲时一样，双脚脚后跟踩在较高的台子上进行提踵练习。

注意事项：训练时注意每次提踵必须将身体抬高至尽可能高的高度。

重量：使用自身体重进行训练或负荷较轻的杠铃进行练习。

变式动作：可以使用哑铃的方式进行哑铃提踵练习。

价值：强壮的小腿肌群是提升爆发力的重要途径之一，如果你在训练时不注意对小腿肌群的训练，那么你的弹跳力会长期处于事倍功半的低效发力模式下。

助跑跳

姿势：使用助跑的方式进行跳跃练习。

注意事项：我们建议大家可以根据自身的习惯决定使用多少步数的助跑进行练习。

重量：使用自身体重进行训练即可。

价值：助跑跳可以帮助我们提高绝对弹跳高度。

高抬腿

姿势：屈髋用力向上快速抬起腿部，并保持屈膝角度在90度左右。

注意事项：使用脚尖快速点地的方式进行高抬腿练习。

重量：使用自身体重进行训练即可。

价值：有利于培养我们在释放弹跳力时髋关节的发力感。

前蹲

姿势：双手交叉握住杠铃并将杠铃放在锁骨处，屈膝下蹲至髋关节低于膝关节，然后向上蹲起进行重复练习。

注意事项：训练全程注意保持腰背部伸直，并确保下蹲至足够深的幅度。

重量：使用较轻的重量进行练习即可。

价值：前蹲有助于提升我们在弹跳时所主要依靠的股四头肌肌肉质量。

▶ 弹跳力训练组数与次数

有负重的训练动作。 我们可以使用2～3组，每组12～15次的方式进行练习。这种训练方式的目的在于保持肌肉的活跃度，维持肌肉的力量水平。对于迁移性较高的力量训练动作，我们可以使用8～10组，每组进行1～3次的方式进行练习。这种训练方式的目的在于通过速度训练使我们逐步培养身体快速释放弹跳力的能力，有助于爆发力水平的提升。

无负重的训练动作。 我们可以使用5～6组，每组进行力竭次数的方式进行练习。这里需要注意的是，力竭的意义并不是指当我们进行半蹲跳训练时，一定要跳到我们再也跳不起来为止，这显然是不切实际并且对身体健康有极大损害的。我们这里指的力竭训练是健身爱好者在保证一定跳跃高度的情况下，进行尽可能多的次数重复练习。

▶ 弹跳力训练注意事项

充分休息再开始

在每个动作组与组之间以及每两个不同训练日之间，我们一定要确保身体已经获得了充分的休息后，再进行新一轮的训练。追求最高的弹跳高度是必须有健康的神经兴奋状态做支撑的，休息不佳会使你的神经变得不够发达，从而影响训练的效果，不利于最大弹跳高度的提升。

减震与保护

弹跳高度越高，我们所需要的保护也就越强。较高的弹跳容易使我们的膝关节处于较薄弱的状态，此时我们需要通过主观以及客观两种方式进行减震与保护，避免膝关节受损。在主观行动上，你可以选择在落地的一刹那主动屈膝进行一个下蹲，这种方式可以帮助你卸掉大部分集中在膝盖上的压力。在客观环境下，你可以选择减震效果相对较强的运动鞋，或在有一定减震效果的专业场馆内进行练习。

循序渐进

前文我们曾经提到过，高翻与高抓等举重类训练动作是十分不错的迁移性较高的训练方式，但是这类训练实际掌握的难度相对较大，很多健身爱好者在练习时都仅仅是在进行依样画葫芦。我们建议大家在训练时一定要避免盲目选择难度超出自身现阶段能力承受范围的训练方式，循序渐进才是相对安全且高效的方式。

安排合理的训练量

我们在进行弹跳力训练时一定要注意合理地安排训练容量，不要出现因迫切希望提高所导致的容量较大的现象，后者不仅容易使你陷入长期的神经疲劳中，还会对膝关节的健康带来巨大的隐患，是十分不明智的训练选择。弹跳力这种比较高难度的运动素质，绝对不是一朝一夕可以轻易练就的，你需要在整个训练过程中都保持耐心。

2 竞技弹跳力训练方法

▶ 竞技弹跳力训练动作

脚尖跳

姿势：使用连续通过脚尖起跳的方式进行练习。

注意事项：注意在连续起跳的过程中膝盖保持自然地弯曲，如果膝盖在练习时过于僵硬，不仅容易影响连续起跳的速度，同时还会有可能使膝盖受到损伤。此外，在练习时，我们需要在保证一定跳跃高度的前提下，做到尽可能快速地连续起跳，这才是脚尖跳最终的训练意义。

重量：使用自身体重进行训练即可。

变式动作：我们也可以适当地使用哑铃进行负重练习，通过负荷更加快速提高连续起跳的能力。

价值：弹跳发力中连续起跳的能力是很多竞技项目中都比较常见的，比如足球或篮球等在比赛中都需要通过快速的起跳来获得更好的进攻和防守的机会。

持球跳

姿势：双手握住篮球，并将其放在胸口的位置进行跳跃练习。

注意事项：训练全程需将篮球时刻放在胸口的位置，不要出现上下移动，否则会影响篮球比赛时运动员持球跳跃的能力。

重量：使用自身体重以及篮球进行训练即可。

变式动作：我们也可以使用持球的方式进行深蹲跳练习。

价值：持球跳是帮助我们更好地模拟在篮球比赛时所需要的弹跳力类型之一。

跳绳

姿势：使用跳绳进行正常的训练即可。

注意事项：我们需要进行尽可能快的练习，比如在一分钟内尽可能完成足够的次数，这对于提高健身爱好者弹跳的反应能力有较大帮助。

重量：使用自身体重进行训练即可。

变式动作：我们也可以在练习时使用把手有负荷的跳绳进行练习。

价值：跳绳不仅可以锻炼我们弹跳的速度，同时可以使我们养成较为协调的发力感。

对抗起跳

姿势：通过朋友的辅助，让他使用海绵垫等工具推挤你，你需要在这种情况下尽可能完成较高的跳跃。

注意事项：我们可以选择将一个物体放在高度合适的位置上进行练习，这可以使你有更好的目标感。

重量：使用自身体重进行训练即可。你的朋友可以随着你的逐渐适应，慢慢提升推挤你的力量，使你受到的身体对抗强度越来越高，从而弹跳的难度也大幅增加。

价值：有助于培养我们在球类运动中，有对方球员同你进行强烈身体对抗时的弹跳能力。

跳箱

姿势：选择合适高度的跳箱进行练习。

注意事项：不要选择高度过高的跳箱，我们要使用可以连续跳跃的高度的跳箱进行练习。对于跳箱的种类，我们建议大家最好选择对于膝盖具有保护以及减震作用的跳箱进行练习。

重量：使用自身体重进行训练即可。

价值：跳箱可以帮助我们有一个具体的发力目标，有助于我们对自己的弹跳力高度更加具象化，方便我们在一些球类运动中根据自身弹跳力的具体高度提前做出相应的动作判断。

▶ 竞技弹跳力训练组数与次数

在进行竞技弹跳力的训练时，我们建议大家每个动作安排3~4组，每组都使用力竭法进行练习。所谓的力竭法指的是当我们在满足某一先决条件（这个可能是一定的弹跳高度，也可能是较快的跳跃速度）的前提下，努力完成尽可能多次数的重复练习。一旦我们在训练时出现无法满足先决条件的情况，那么便应当立即停止这一组的练习。你的目的是希望通过针对性的专项训练提高自己在竞技项目中的弹跳力表现，从而使相应的运动项目成绩更高。因此，我们没有必要去堆积无用的次数，我们真正需要做的是在能够达标的情况下完成一次比一次多的重复次数。

▶ 竞技弹跳力训练注意事项

注意膝盖的保护

竞技弹跳力训练中我们会使用很多快速的连续起跳的训练方式，这种方法对于健身爱好者的膝关节会造成持续性的压力。我们建议大家在练习时一定要选择有减震气垫的专业运动鞋，最好是篮球鞋进行练习。如果你能够找到回弹反馈效果较好的运动鞋，那么还会对你培养快速的连续起跳能力有一定的帮助。

快速发力

竞技项目对于弹跳力的重要需求之一便是快速跳起的能力，或者简单形容为弹速。无论是对于足球或篮球等具有身体对抗的球类运动，还是羽毛球或网球非对抗的球类运动，弹速的快慢是十分重要的！如果你的弹速较慢，那么在实际的运动中便会出现永远慢对手一拍的现象，大量的绝佳的进攻和防守机会都会在此时被浪费掉。相反的，如果你的弹速较快，哪怕只能比你的对手快半步，你也可以提早作出反应，处于相对优势的位置。

模拟竞技环境

我们进行竞技弹跳力训练的根本目的在于提升竞技项目中弹跳力的运动表现，从而使我们所从事的项目有更出色的成绩。因此，我们在日常的训练中便需要注意大量的模拟竞技环境的训练，比如之前我们提到的对抗跳跃练习，便是为大家模拟真实的跳跃环境。如果你的训练始终都是以无对抗的方式进行练习，那么一旦进入到正式的比赛中，面对对手的强大身体接触，你会显得十分的不自在。这种情况是无法通过肌肉训练或力量训练解决的，你甚至根本不知道出现这种现象的原因是哪部分肌肉相对较差造成的，故而根本无从下手。真正的解决方案便是在练习时通过朋友的辅助，进行有身体对抗的跳跃训练。

此外，当我们进行一整场高强度的篮球比赛时，我们需要进行长时间大量的跳跃动作，这要求我们必须具备一定的弹跳耐力，也就是力量耐力的一种表现形式。如果你的弹跳耐力较差，那么便会出现在一定阶段后你的弹跳高度呈现断崖式下滑的现象，这显然是不符合比赛的基础要求的。此时我们可以通过大量的脚尖跳或跳绳训练，来帮助自己尽快解决这一问题。

第五章 耐力强化的妙招

高水平的体能素质并不是只有通过强大快速的爆发力才可以体现，持久的多种耐力素质也是检验体能水平高低的重要标志之一。耐力是除重竞技运动以外几乎所有运动项目都有需求的体能素质之一，它总共由三种不同体现形式：心肺耐力、速度耐力、力量耐力。在进行针对耐力的提高训练时，我们必须先清楚每种不同耐力体现形式的特点和适合的训练方式，这样才可以做到"对症下药"，安排最合适的训练方法。

心肺耐力，指的主要是健身爱好者在纯考验心肺功能的运动中的耐力能力，比如极长距离的奔跑或游泳项目，像马拉松或1 500米以上的游泳项目。这两种运动项目都是属于比较依靠心肺功能的代表，健身爱好者自身心肺水平的强弱，以及对呼吸节奏的把控是影响成绩高低的根本性因素。当然，在这里我们并不是说速度耐力和力量耐力不重要，对于马拉松以及长距离的游泳没有任何帮助，而是指这两者并非是重点。虽然速度耐力对马拉松最后完赛时的成绩有一定作用，但是我们不可能在整个全程都将速度维持在一个较高的水平上，我们必然会进行一定的体力分配，使自己的速度能力可以有最大化的展现空间。同样的道理对于力量耐力是一样的，如果负责奔跑的肌肉没有足够的力量耐力，那么在运动中显然是不足以支撑健身爱好者的正常体力消耗的，但如果你将训练的重心更多的集中在对肌肉的高次数重复练习上，那么反而不利于整体运动成绩的提高，本来有帮助的肌肉甚至可能会起到一定阻碍作用。因此，当我们在进行心肺耐力训练时，我们必须要清楚，提升心肺功能的水平是我们训练的核心，在练习时我们要通过使用各种方法或创造各种环境来进行针对性的练习。心肺耐力的提高不仅对于健身爱好者在参加长距离运动项目时的成绩有良好帮助，同时还可以帮助我们强化心肺健康程度，对于基本的身体健康有重要作用。有的时候，即使不是参加耐力项目的运动员，也可以在训练计划中安排一定的耐力训练，这对于保护身体健康、维持基本的体能素质都是十分有帮助的。

速度耐力，指的主要是健身爱好者维持一定高速度的能力，比如在短距离奔跑项目中，如200米、400米或折返跑。速度本身就是十分困难的训练模式，它同爆发力一样都不是一朝一夕可以练成的，并且需要健身爱好者同时具备肌肉水平、力量素质、协调性、柔韧性以及平衡性多种高水平的身体素质，多管齐下才可以获得真正速度的提高。此时，我们的目标不仅仅是速度，更是要将速度尽可能长时间维持在较高水平的持续释放上，这样一来的整体训练难度毫无疑问便提高许多。很多健身爱好者对于速度耐力的概念模糊，甚至有的时候会将速度耐力与力量耐力和心肺耐力相混淆，其中最关键的因素便是在于大家忽视了速度的概念。速度耐力绝非是简单的勉强维持奔跑即可，它必须拥有一定的速度。我们可以举更具代表性的在足球场上的例子，对于需要高水平速度耐力的边后卫或边锋来讲，真正优秀的运动员绝不是只能在球场上进行2~3次最高速度冲刺跑的，毕竟整个比赛有90分钟，如果你的速度耐力只能支持你完成很少的几次尝试，那么这对于球队来讲毫无疑问是没有太大帮助的。你的队友需要的是你尽可能整场比赛都在边路"上下纷飞"，这种要求是绝非简单的在球场上只要能撑下来或者能跑下来即可达到的。当我们在进行速度耐力训练时，我们建议大家需要安排较多特殊的

折返跑练习,有的甚至可以根据具体的运动环境做出改变,例如如果你是篮球运动员,那么使用篮球场尺寸的折返跑可能更具意义。此外,速度耐力与奔跑是离不开的,因此同时也需要极其强大的心肺功能做辅助,否则一旦呼吸能力大幅度衰退,我们的速度也会呈现断崖式下滑。

力量耐力,指的主要是健身爱好者维持一定高水平力量的能力,比如在搏击项目中,如拳击、散打、格斗等回合制的比赛时,力量耐力的高低是决定你能否称霸赛场的关键。有很多健身爱好者对于力量耐力有极强的误解,他们甚至认为这并不是必须要训练的训练模式,甚至是几乎完全没有实际应用价值的,他们认为把相对较低的力量水平维持多长时间都没有在一刹那使用出最高力量有更多的实际意义。有这类想法的健身爱好者往往都是重竞技运动项目的追随者,的确,对于重竞技的举重或力量举来讲,力量耐力并非最有用的身体素质,毕竟这两者都是根据实际举起的最大重量来判断最后的输赢。但是,对于搏击类的比赛,力量耐力的重要性要远超过绝对力量。我们都清楚,搏击类比赛会按照体重划分不同的级别进行对抗比赛,因此除非你的对手是纯业余或世界冠军这种与你水平悬殊极大的情况,否则当你们体重相似且力量水平相近时,你是几乎很难有机会可以将其一击KO的。你必须通过一定的僵持阶段,仔细观察对手的弱点或频繁的进行攻防转换,这也才能够在真正关键时刻给予对手致命一击,或者最后在结果裁定时,通过之前的努力来获得点数上的优势。我们并非不建议大家提升自己的极限力量,而是在水平相近的比赛中,想通过绝对力量完全战胜对手是很困难的。其次,在搏击类项目中,力量耐力也是十分需要速度耐力支持的,比如当我们在最后关键时刻进行搏击时,我们出拳速度越快对手越难以躲避,故而速度耐力对于搏击类健身爱好者来讲同样是十分重要的辅助能力。在提高力量耐力的专项训练中,我们不仅需要安排三大项的动作,同时还需要安排一定的肌肉训练动作。在方法上我们可以使用相对较传统的循环训练法或超级组练习,更可以使用近年来热度极高、风靡全球的CROSSFIT训练法。

① 心肺耐力训练法

心肺耐力是健身爱好者在进行长距离奔跑时所主要依靠的运动能力，心肺耐力的高低主要受心肺功能强弱的影响，心肺功能越强的健身爱好者越具备获得高水平心肺耐力的潜质，我们在心肺耐力的训练计划设定时，需要安排针对性的提升健身爱好者心肺功能的训练方法。

提高摄氧难度

我们可以通过提高氧气摄入的难度来提升健身爱好者自身的心肺功能，但需要注意，提升氧气摄入难度的根本目的是为了使健身爱好者在这种情况下进行练习，从而使心肺功能得到提高，并非要求健身爱好者只需保持闭气或者减少正常呼吸的频率即可。比如，我们可以通过使用一些增加氧气摄入难度的训练呼吸面罩来进行奔跑的练习，这种方式会使健身爱好者在氧气摄入相对较困难的情况下提升自身奔跑的耐力，训练的针对性极高。不过，要注意的是，当你是用这种方式进行练习时，一定要注意把控合理的训练量，不要出现训练量极大的现象，否则容易危及身体健康。此外，我们还可以通过在海拔相对较高的位置进行练习的方式，比如在一些海拔较高的高原进行奔跑的练习，这种训练方式的目的同样是在于提高训练时氧气摄入的难度。有的一些国家在足球比赛时会选择将自己的主场放在高原地区，目的便是为了针对一部分没有高原地形的对手，使其出现难以适应进而影响比赛发挥的现象。这一切的原因都是由于高原地区会使人体摄入更多的氧气，而肌肉较发达的专业运动员所需要的氧气量相对更多，此时如果难以得到满足，便会出现身体运动能力大幅度下降的现象。

改变摄氧环境

我们可以通过改变摄氧环境的方式提升健身爱好者自身的心肺功能，比如

使用水下进行游泳等练习的方式。水下相比我们在陆地上的氧气摄入更加困难，需要你拥有更强的心肺功能以及肺活量，我们可以在心肺耐力训练时安排一定的游泳训练，哪怕你并不是游泳运动员，这种方式也会帮助你极大程度增强心肺耐力。不过，需要注意的是，我们在练习时一定不能出现训练强度较低的现象，有很多健身爱好者在进行游泳训练时会出现游一会就休息的现象，这对于心肺耐力的提升并没有很好地帮助。我们不要求每个健身爱好者都变成游泳健将，但只有相对持续时间较长的训练才可以使你的心肺耐力获得真正的提高。

主项训练

在进行心肺耐力训练时，我们是一定不能忽略最基础也是最重要的主项训练，毕竟你所有训练的目的都是在于专项成绩的提升上。比如对于希望通过心肺耐力的提高带动自身长跑速度提升的健身爱好者，必须要在训练时安排一定的长跑专项练习，你甚至可以使用呼吸面罩来加大主项训练的难度。只有将主项训练添加到训练计划中，并且给予一定的训练量和强度，我们的专项成绩才会得到真正的提高。如果你只是将训练的重心放在各种特殊环境的训练或使用一些道具进行简单练习的话，你的专项耐力成绩是不会得到真正提升的。这个道理同样适用于以游泳成绩提高为目标的健身爱好者，你需要在日常的训练中同样添加类似1 500米这样的主项训练。

▶心肺耐力训练注意事项

及时补水

心肺耐力训练中最需要注意的问题便是对于水分的及时补充！心肺耐力是极其容易消耗水分的训练模式，如果不注意及时补充水分，特别是补充真正有需要的水分，我们的身体便会处于极度严重的缺水状态，进而引发很多严重的身体健康危害。有的健身爱好者认为缺水无非是导致肌肉抽筋而已，有的时候要咬牙撑下来未必就会真的抽筋。但事实上，如果你的身体处于极度的缺水状态，抽筋只是相对影响较小的危害，在一定概率上你会有严重的电解质紊乱、肌肉拉伤甚至突然晕厥的可能性。这些无论是哪一个对于正在持续奔跑的你来讲都不是好现象，当你感觉到口干舌燥、流汗较多或头疼发晕时，请立即停止你的训练，立刻补充电解质丰富的水分或功能性饮料，这可以给你的身体在短时间内加油，避免一些严重后果的产生。有的健身爱好者比较抵制在训练中补水，或者压根就没有在训练中补水的习惯，这是必须要及时加以纠正的。不仅在心肺耐力训练中，在耐力训练的其他模式以及力量训练等常见的体能训练中，及时补充水分都是必需的。

合适的装备

我们建议大家在练习时使用相对较轻质的跑步鞋以及排汗性较强的衣服，其中后者的目的很简单，在于使健身爱好者在练习时汗水可以正常排出体外，如果使用排汗较差的衣服，那么你的身体和汗水以及衣服会整体黏在一起，不利于健身爱好者正常的练习。而使用轻质跑步鞋的目的还是在于希望通过减少鞋子的重量，来使健身爱好者在进行奔跑等长距离的心肺耐力训练时可以有更好的表现。当然，需要注意的是，鞋子重量较轻往往意味着底子相对较薄，因此不要穿着较轻质的跑步鞋在一些并不是很平坦的地面进行练习，否则你的踝关节会处于比较容易受伤的状态。

训练环境

我们建议大家在进行心肺耐力训练时一定要挑选相对较合适的季节与天气进行练习，首先较湿滑的下雨天肯定是不适合进行任何室外训练的，哪怕你的比赛是在这种环境下进行的，但是在正常的训练中，对于健身爱好者而言也是没有必要在雨中进行练习的。其次，如果是在天气相对较凉爽的时候进行练习，那么对于心肺耐力的提高有非常大的帮助。但是，万一你训练时的天气很炎热，那么在真正练习时天气会消耗你极大的体能，从而不利于保证你的正常训练效果。我们建议大家最好平时挑选环境较舒适，并且有空调或冷气的室内进行练习，这对于提高你的心肺耐力是十分有帮助的。

② 速度耐力训练法

速度耐力训练法适合那些对保持高速度有强烈需求的运动项目，比如当我们在进行400米或800米跑时，以及在100米和200米的速度最高阶段时，如何能够将这个速度更长时间的保持下去是最后决胜的关键。此外，一些球类运动也是速度耐力可以大放异彩的重要舞台，当我们在球场上进行频繁的变速跑或折返跑时，速度耐力是我们最值得信赖的伙伴。我们在制定相关训练计划时，必须加入针对性的折返跑以及变速跑练习。

多种折返跑练习

折返跑对于提升健身爱好者的速度耐力有极大帮助，这是一种迁移性很高的训练方式，可以模仿健身爱好者在球类运动时所经常容易遇到的现象。我们在练习时可以根据不同的需求安排多种折返跑练习，比如对于球类项目的不同，我们可以选择使用足球场的长度或篮球场的长度进行距离不同的折返跑练习。当然，对于像网球和羽毛球等距离较短的运动项目，我们可以在练习时安排一定的以提高灵活性和反应能力为目标的训练，有助于提升我们在实际运动时身体快速的反应能力。其次，在进行具体的折返跑练习时，我们可以根据球场的宽度和长度进行不同练习，比如以宽度为目标距离的方式进行折返跑练习，这并不是单纯的缩短训练的距离，而是将球场上我们同样可能面对到的横向的跑动运用到训练上。

变速跑练习

我们可以在进行速度耐力训练时使用变速跑的方式进行练习，这种方式对于健身爱好者提升速度耐力以及加速度能力有重大帮助。当我们在进行高速奔跑时，我们的呼吸节奏会相对规律，此时如果突然减速，然后没跑多久又突然加速，那么会很容易打乱我们正常的呼吸节奏，从而使速度耐力出现大幅度衰退。如果你不想在比赛时出现这种情况，从而使尔的对手有更好的机会，那么你便必须在训练时注意对加速能力的培养，而这最好的办法便是变速跑练习。我们可以以不同球场的长度和宽度为目标进行折返跑练习，在奔跑时我们可以使用第一组折返正常速度，第二组折返快速度，第三组折返正常速度这种交替变更奔跑速度的方式。当然，我们也可以使用第一组折返正常速度，第二组折返快速度，第三组折返快速度，第四组折返正常速度这种没有固定规律的方式进行练习。我们在训练中要避免身体出现对于变速跑的记忆，否则一旦你的训练节奏被自己提前预知到，那么你的变速跑也会变成恒定速度跑。

心肺功能训练

速度耐力训练因为特殊的奔跑关系，所以对于心肺供能也是有较强要求的。有的健身爱好者会习惯在平时的训练中不安排针对于心肺功能的训练，他们认为使用折返跑或变速跑等练习已经可以给予自己在心肺功能上一定的提高，没有必要单独再进行心肺功能的专项练习，否则会使我们在训练时出现训练内容模糊不清或训练量较大的现象。但是这种想法对于水平较低的运动比赛环境时是能行得通的，而对于相对水平较高的比赛环境则会显得束手无措。当你的速度能力逐步提高时，你会发现心肺功能的薄弱变成了制约速度耐力提高的重要绊脚石。因此，我们建议大家在练习时一定要加入心肺功能的针对性训练，不过如果安排专门的练习，的确容易有训练量过大的风险，相对来讲更加适合的是将心肺功能训练融入到速度耐力训练中。比如我们可以在进行变速跑或折返跑时使用呼吸面罩进行配合练习，这种方式不仅提升了摄氧的困难程度，使心肺功能得到提高，同时还可以使我们的速度耐力得到进一步的强化。

▶ 速度耐力训练注意事项

合适的装备

相比心肺耐力训练时我们会选择穿相对较轻质的运动鞋，在使用速度耐

力训练时,我们建议大家应当更多选择穿回弹性较好、气垫缓震较优秀的运动鞋。这种方式不仅有助于提高在折返跑时每一次折返的反应速度,使腿部的力量可以尽快反馈到速度的提升上,还可以使你最大程度保护膝关节的健康。这是相对较轻质的运动鞋所无法做到的,后者只会使你在练习时处于关节相对较不稳定的位置。

一定的力量训练

我们在前文曾经多次提到,速度耐力的核心在于高速度,而非在于长时间。长时间进行奔跑是绝对不符合我们需求的,我们想要的是长时间进行高速度的奔跑。而速度的快慢除了受我们自身的爆发力影响外,它同我们的肌肉力量也是有着密不可分的联系的。我们需要安排针对髋关节肌肉力量的提高练习,不仅要将训练重心放在股四头肌上,同样需要对臀大肌以及腘绳肌等负责髋关节活动的肌肉安排较大的训练。我们可以挑选相对较合适的训练器械,比如尽可能多地使用一些有助于臀部发力的训练器,如臀冲、臀桥或腿后展等练习。

合适的训练量

我们建议大家不要在速度耐力训练时安排过大的训练量,并不是因为它的训练难度相对其他方式较低,而是因为比较适合刚接触健身的人进行练习;又因为速度是比较容易受身体疲劳状态所影响的,所以一旦在练习时出现较吃力的现象,我们便建议大家最好立即停止训练。毕竟你不是专业运动员,没有抢金夺银的需求,所以在练习时还是尽可能地多追求相对健康的训练方式。

3 力量耐力训练法

力量耐力是重要的耐力素质以及提升力量能力的好帮手,力量耐力的提升同时也意味着一定水平极限力量的提高。这对于健身爱好者来讲是既可以选择以力量耐力为基础，逐步提升自身的极限力量；也可以选择什么都不改变，继续现在的力量耐力的专项训练。当我们开始使用力量耐力训练法后，我们便需要在日常训练中保持一定的针对肌肉、速度以及心肺功能的综合训练。此时你可以使用相对较传统的超级组以及循环训练法，也可以使用时下最风靡全球的CROSSFIT训练法。

超级组

力量耐力训练中的超级组练习是同增肌训练中的超级组练习比较相似的训练方式，我们可以连续安排两个不同部位的动作进行超级组练习，也可以针对一个部位选择两个动作进行超级组练习。其中，两个不同部位进行超级组训练的方式主要偏向于使用上肢和下肢两个不同的动作进行超级组练习，这种方式可以最大程度提高我们的训练效率。而针对一个部位选择两个动作进行超级组练习的方式，是比较偏向针对某一薄弱肌群所安排的强化练习。比如有的健身爱好者在进行拳击运动时，会有背阔肌相对力量耐力较差的现象，那么此时我们便会安排两个背阔肌的训练动作，共同组成一个强化的超级组，从而使我们薄弱的区域可以得到强化。超级组是相对较传统的力量耐力训练法，它对于健身爱好者能力的要求并不是很高，训练的适用范围较广。

循环训练法

循环训练法是相对难度较高的力量耐力训练方式之一，我们可以把它简单理解为一个综合强化版的超级组练习。所谓的循环训练法往往是使用5~6个完全没有组间休息的动作组成一轮进行练习，然后在规定的时间内争取完成尽可能多的轮数。使用循环训练法时我们对于动作的选择是有需求的，一些长位移或容易极快拉升健身爱好者心率的动作是我们使用循环训练法时的首选。比如最常见的开合跳、深蹲、硬拉等都是可以瞬间使我们心跳加快，并且消耗较大的训练动作。其次，当我们使用循环训练法时，我们也需要满足最基本的重量要求，你不能因为希望完成尽可能多的轮数，从而降低你所使用的器械重量，这显然是无法满足"尽可能维持高水平力量"的力量耐力

定义的。循环训练法的难度极高，它会在短时间内提升你的心率，并且对于健身爱好者的力量基础有较高的要求。我们并不建议训练经验较少的健身爱好者使用这种方式进行练习。

CROSSFIT训练法

CROSSFIT是由Greg Glassman教练于2000年创立的，是几乎目前全世界范围内最流行的训练方式。CROSSFIT的目的是以获得特定的运动能力为目标，通过各种以自身重量、负重为主的高次数、快速、爆发力的动作增强自己全身的运动能力，这其中不仅有力量耐力，更会包含一定的速度耐力以及心肺耐力，同时我们的速度、爆发力、力量、灵活性、协调性也会在训练中得到一定的提升。CROSSFIT与我们之前的传统健身方式有很大的差别，我们之前熟悉的训练往往都是以提高单一运动能力为目标，整体的训练模式相对较固定。而CROSSFIT是可以做到同时提高多个运动能力，并且整体的训练模式十分宏大，包含着速度、耐力、力量、柔韧性、灵活性、协调性等多种细分的训练模块。

虽然CROSSFIT进入中国的时间并不长，但是它已经通过自身独特的魅力受到了广大健身爱好者的喜爱。CROSSFIT使用的器械种类很多，除了最常见的杠铃外，绳子、轮胎等生活中常见的物品都是不错的训练道具，甚至有的时候CROSSFIT还会为刚接触这项运动的健身爱好者安排自重的徒手训练。由训练器械所引发的，CROSSFIT是一种会同时进行多种经典运动项目的组合训练方式，你可能会在一次训练中遇到举重练习，它可以帮助你获得强大的爆发力。你也可能会在一次训练中遭遇蝶式引体的挑战，它可以使你的力量以及协调性获得更好地提高。当然，你也有可能遇到跳箱或奔跑的训练，它们毫无疑问会考验你的弹跳力以及速度能力。可以说CROSSFIT是一种十分全面并且均衡的新型体能训练模式，它对于健身爱好者的运动能力而言是有极大帮助的。

CROSSFIT可以帮助我们提升三种不同的耐力水平，当你使用频繁的雪橇车练习时，你的力量耐力和速度耐力得到了巨大的提升。当你使用开合跳或波比跳等快速拉高心率的动作时，你的心肺功能得到了巨大的强化，进而使心肺耐力获得提高。

CROSSFIT可以帮助我们提升弹跳力，一些针对性的跳箱练习是我们提升弹跳力的好办法。

CROSSFIT可以帮助我们提升力量水平，举重类的各种动作以及日常的深蹲、前蹲训练都可以提高我们的力量水平。

CROSSFIT可以使用徒手练习的方式，它们特殊的动作安排会在某种程度上使你拥有比器械更好的训练感受。

但是，CROSSFIT在训练中面对的问题也不少，这些有CROSSFIT自身的问题，也有健身爱好者自己的原因。

CROSSFIT的突出性不强。的确，CROSSFIT的目的是在于帮助健身爱好者达到全面强健的目的，而不是为了在某一个项目上显得特别突出。因此这容易导致健身爱好者自身的运动能力没有什么特色，除非你是要参加CROSSFIT比赛的运动员，否则因CROSSFIT比赛内容组成过于复杂，你无法对自身的强壮程度有比较具象的概念。

CROSSFIT的入门门槛较高。有的健身爱好者认为CROSSFIT无外乎就是举几个杠铃而已，至于是不是抓举或者抓举动作好不好并无所谓。但事实上，CROSSFIT是一种入门门槛极高的运动，它对于健身爱好者自身力量的需求是十分明显的，你不可能出现"手无缚鸡之力"却依然要使用PVC管进行CROSSFIT训练的。如果你不幸属于这种情况，那么我们建议你应当将重心先放在力量的提高上。

CROSSFIT的竞技性不强，或者说竞技规则过于复杂。因为每个不同的WOD所对应的动作内容都是绝不一样的，有的可能比较适合你，还有的可能比较适合别人，每个人都有赢的可能，但每个人也都有输得可能。这种情况对于提升比赛的参与度并不是十分有正面作用的。

在正式的CROSSFIT训练开始前，我们建议大家最好使用徒手训练为主的WOD进行练习，先适当熟悉整体的节奏和发力感，然后再跟随进行正式的练习。不要小看徒手的WOD练习，它不仅是帮助你走进CROSSFIT的帮助者，同时还可以帮助一些健身爱好者在旅途或身边没有器械时可以照常进行练习。

▶ 力量耐力训练注意事项

使用合适的护具

我们建议大家在进行力量耐力训练时最好使用相对较合适的护具，比如像硬拉和深蹲时，有一双重心平稳的鞋子以及一条支撑力、包裹力都在巅峰的腰带是至关重要的，你并不需要将金钱浪费在一些价格较高且并非是你真正所需的护具上，佩带他们反而会影响你的训练。我们只需要根据自身要选择的训练方式，使用相应关节，例如膝关节、髋关节以及腕关节所需要的护具即可。

精准训练强度和容量

我们建议大家在进行力量耐力训练时需要适当注意训练容量和训练量设计的精准度，无论是训练强度太差还是训练容量太高，这两种方式都不是我们希望看到的结果。如果你的训练量较大，那么你在练习时会有可能不自觉地将动作变成更符合健美的发力模式，从而大幅度影响你的正常训练效果。这个问题同样体现在训练强度上，有的健身爱好者会出现将训练变成举重练习或力量举的极限测试练习，这对于成绩的增长是没有任何好处的，极限力量的释放情况与力量耐力的释放稍有不同，前者需要相对更多的时间进行恢复。虽然力量耐力的提升在一定程度上对于极限力量的提高是有帮助的，但是你要清楚自己的目标始终是力量耐力的提升，而不是执着于极限成绩。

及时补充能量

及时补充身体所需的能量是我们在进行力量训练时同样需要严格注意的问题之一！如果没有即时的能量补充，我们便不会具备继续维持一定力量水平的能力。要知道，这里我们说的补充的能量绝非是水或运动型饮料，而是要适当补充一些可以为人体所快速吸收的糖，这可以避免出现在训练时较严重的昏厥现象。我们可以在练习时随身携带着几块糖和一瓶蜂蜜，一旦我们的身体出现报警，那么就不要再有任何犹豫，立即补充并休息至完全做好充分的力量耐力训练准备时，再重新加入到训练的大家庭中。